AI와 보험

인공지능총서

인공지능 시대입니다. 기계가 인간의 인지를 대신하고, 사물이 인간을 통하지 않고 다른 사물과 직접 커뮤니케이션합니다. 이에 따른 인간 삶과 문명 변화를 정확히 이해·예측·대응하는 것은 이 시대 우리 모두의 과제입니다. 인공지능총서는 인공지능 기술과 환경의 여러 주제를 10가지 키워드로 정리합니다. 관련 개념과 이론, 학계와 산업계의 쟁점, 우리 일상의 변화를 다룹니다. 인간과 기술의 현재, 미래를 세심히 분석합니다.

일러두기

- 인명, 작품명, 저서명, 개념어 등은 한글과 함께 괄호 안에 해당 국가의 원어를 병기했습니다.
- 외래어 표기는 현행 어문규정의 외래어표기법을 따랐습니다.

처음이세요?

전문가세요?

AI와 보험

황현아

대한민국, 서울, 커뮤니케이션북스, 2025

AI와 보험

지은이 황현아
펴낸이 박영률

초판 1쇄 펴낸날 2025년 4월 4일

커뮤니케이션북스(주)
출판 등록 2007년 8월 17일 제313-2007-000166호
02880 서울시 성북구 성북로 5-11
전화(02) 7474 001, 팩스(02) 736 5047
commbooks@commbooks.com
www.commbooks.com

ISBN 979-11-7307-834-7 03500

책값은 뒤표지에 표시되어 있습니다.

차례

AI 시대의 위험과 보험

AI 시대의 위기와 기회

본격적인 'AI 시대'에 접어들고 있다. 알파고와 이세돌의 바둑 대국에 세계의 이목이 집중되었던 2016년까지만 해도 AI는 가능성의 영역에 머물러 있었다. 그때부터 불과 10년도 지나지 않은 2025년 현재 AI는 일상의 영역으로 깊이 파고들었다.

AI에 대한 관심과 활용은 분야를 가리지 않는다. 뉴스에서는 연일 정치, 경제, 사회 분야를 막론하고 AI 관련 기사가 쏟아지고 있다. 정부, 기업, 학교, 가정 등 사회 모든 영역에서 AI 활용이 일상화되고 있다. 세계 각국 정부와 주요 기업들은 AI 전략 마련에 박차를 가하고 있다. 우리나라 정부도 2024년 9월 국가 AI 위원회를 신설하여 AI 전략을 직접 수립하겠다고 밝혔고 2024년 12월 유럽연합(EU)에 이어 세계 두 번째로 인공지능 기본법을 제정하였다. 기업들은 이미 그 전부터 AI 경쟁에 뛰어들었다. 전 세계 정 · 재계 인사들이 모인 다보스 포럼에서는 AI가 핵심 의제를 차지하고 있고, 세계 유수 기업들의 미래 전략을 볼 수 있는 국제전자제품박람회(CES)는 AI 경연장이 되었다. 자율주행차, 진단·수술 로봇, 택배·배송 로봇 등 AI가 탑재된 장치들이 이미 상용화 단계에 접어들었다. 명실상부 'AI 시대'로 접어든 것이다.

'AI 시대'라는 말을 들으면 어떤 이미지가 떠오르는가. 번거롭고 귀찮은 업무는 AI에 맡기고 창의적이고 즐거운 일에 열중할 수 있는 낙관적 이미지를 그리는 사람도 있을 것이다. 출퇴근할 때는 자율주행차가 목적지까지 안전하고 편안하게 데려다주고, 설거지나 청소 같은 집안일은 가사도우미 로봇이 알아서 척척 해결해 줄 것이다. 회사 보고서 작성에 필요한 자료 수집이나 번역은 생성형 AI가 깔끔하고 정확하게 처리해 주고, 그렇게 해서 늘어난 여가 시간은 가족과 취미를 위해 활용할 수 있을 것이다. 생각만 해도 기분이 좋아진다.

반면 AI 오류나 해킹에 따른 사고 이미지가 먼저 떠오르는 사람도 있을 것이다. 자율주행시스템이 해킹되거나 오류가 발생하면 차량이 통제 불능 상태에 빠질 수 있다. 카메라가 달린 AI 로봇 청소기가 해킹되어 집 안이 촬영된 영상이 유출될 수도 있다. 생성형 AI의 할루시네이션(hallucination)으로 잘못된 정보에 의존해 의사결정을 내린 탓에 중요한 프로젝트를 그르칠 수도 있다. 중

권회사 로보어드바이저의 조언을 믿고 투자했다가 큰 손실을 보게 될 수도 있다. 수술 로봇이 오작동하여 환자에게 돌이킬 수 없는 결과가 발생할 수도 있다. 생각만 해도 등골이 서늘하다.

AI 시대에 우리가 마주하게 될 현실은 어떠할까. 앞에서 떠올려 본 두 가지 이미지 모두 우리의 현실이 될 수 있다. 한쪽에서는 인공지능 덕분에 생활의 편의성과 기업 운영의 효율성이 높아지는 반면 다른 한쪽에서는 의도치 않은 오류로 생명 · 신체 · 재산상 피해가 발생하게 될 것이다. 그런데 이것은 AI만의 문제는 아니다. 새로운 과학기술이 등장할 때마다 인류는 언제나 기회와 위기를 동시에 마주했다. 그렇기에 우리는 과거 우리가 과학기술의 발전에 대응해 왔던 방식을 AI 시대에도 적용할 수 있다. AI라는 위험을 사회적으로 수용하되, 그 위험이 현실화하지 않도록 하는 예방 수단과 위험이 현실화했을 때 대응할 수 있는 사후 대응 수단을 함께 마련하는 것이다.

과학기술의 발전과 보험

보험의 목적은 위험에 대비하는 것이다. 위험에는 여러 종류가 있다. 자연재해, 화재, 질병, 상해, 사망 등은 지구상에 인류가 존재하면서부터 함께해 온 전통적 위험이다. 자동차, 선박, 항공기, 원자력, 의료기기 등이 야기하는 위험은 과학기술의 발전에 따라 새롭게 등장한 위험이다. 보험은 이러한 전통적 위험과 새로운 위험을 모두 담보한다.

과학기술의 발전은 인류에게 새로운 기회와 위험을 동시에 가져다주었다. 그리고 인류는 기회에는 모험으로, 위험에는 보험으로 대응해 왔다. 수많은 선례에서 인류는 과학기술이 야기한 위험을 관리하면서 동시에 그 기술을 활용하는 방법을 터득해 왔다. 15세기 선박 건조 기술과 항해 기술의 발달로 대항해시대의 막이 올랐다. 그러나 항해에 나선 선박 중 상당수가 침몰하기도 하고, 선적한 화물을 해적에게 약탈당하기도 하였으며, 기나긴 항해 과정에서 선원들이 사망하는 일도 잦았다. 이에 선박, 적하, 선원 등에 대한 해상 위험을 담보하는 해상보험이 본격적으로 발전하기 시작하였다. 19세기 후반에는 내연기관과 제철 기술의 발전으로 자동차가 보급되기 시작하였다. 그러나 초기 단계의 자동차 제작 기술은 불완전해서 자동차 고장에 따른 사고가 잦았다. 도로 인프라도 마련되지 않아 자동차, 마차, 행인이 뒤엉켜 통행하는 과정에서 충돌 사고도 빈번하게 발생했다.

이러한 새로운 위험에 대응하여 기존의 마차 보험을 변형한 자동차보험이 등장하였다. 20세기에 들어 자동차가 본격적으로 대중화하면서 자동차의 안전성이 확보되고 도로 인프라도 갖추어졌다. 자동차 활용이 폭발적으로 증가하며 도시의 모습과 생활양식도 크게 변화하였다. 이러한 변화는 자동차 사고의 일상화로 이어져 누구나 자동차 사고 가해자가 될 수도 있고 피해자가 될 수도 있는 상황이 되었다. 이에 자동차 사고가 발생했을 때 피해자가 신속하게 보상받을 수 있게 하면서 동시에 가해자가 과도한 배상책임으로 경제적 파탄에 빠지는 것을 방지하고자 모든 자동차 보유자에게 자동차보험 가입을 의무화하는 의무보험 제도가 도입되었다. 20세기 후반 원자력 기술의 발전으로 원자력 발전소가 확산되자 방사능 유출 등 원자력 위험을 담보하는 원자력 보험 제도가 도입되었다. 이처럼 과학기술과 산업의 발전에 뒤따르는 위험에 우리는 보험으로 대응해 왔다.

이제 AI 시대를 맞아 인류는 새로운 모험을 시도하고 있다. 자율주행 기술의 발전은 인간을 운전 업무에서 벗어나게 해 줄 뿐 아니라 사고 위험을 줄이고 교통 효율성을 높여줄 것이다. 실외 이동 로봇은 우편, 택배, 배달 등 물류 업무의 라스트마일(last-mile)을 책임지며 우리 삶을 한층 더 편리하게 해 줄 것이다. 진단 로봇이나 수술 로봇은 의료진이 더 정확하고 효율적으로 의료 행위를 할 수 있도록 지원함으로써 우리의 치료와 건강 회복에 기여할 것이다.

다만 이러한 목표를 추구하는 과정에서 의도하지 않은 각종 위험이 발생할 수 있다. 우리가 안전하게 이 모험을 완수하려면 AI 위험에 대비할 수 있는 보험이 필요하다. 과거 우리가 해상 위험, 교통사고 위험, 원자력 사고 위험에 해상보험, 자동차보험, 원자력보험으로 대응했듯이 AI 사고 위험에 대응할 수 있는 AI 보험이 필요하다.

AI 위험, 책임 그리고 보험

AI 시대에 인류는 어떤 위험을 마주하게 될까. 저작권 침해, 개인정보 유출, 딥페이크, 사생활 침해, 부당한 차별과 편향, 나아가 일자리 감소까지 다양한 국면에서 위험이 예상된다. 그중 가장 직접적이고 현실적인 위험은 의도치 않은 AI 오류에 따른 사고 위험일 것이다.

범용 기술인 AI는 인간과 유사한 지능을 가지고 인간이 수행해 오던 모든 업무 영역에 투입되고 있다. 그 결과 AI가 야기할 수 있는 위험은 인간이 야기할 수 있는 위험만큼이나 다양하다. 자율주행차나 실외 이동 로봇 같은 AI 모빌리티는 교통사고 위험을 야기한다. 수술 로봇, 진단 로봇 같은 AI 의료기기는 의료사고를 일으킬 위험이 있다. 보험상품을 판매하는 AI 설계사가 불완전 판매를 할 수도 있고, 로보AI 어드바이저가 잘못된 투자자문을 하여 고객의 투자 손실을 야기할 수도 있다. 이처럼 AI는 활용 분야와 활용 맥락에 따라 다양한 형태의 사고를 일으킬 수 있다. 특히 자율주행차나 로봇 같은 피지컬 AI(Physical AI)가 오작동하게 되면 인간의 생명 · 신체에 직접 피해를 끼칠 수 있어 그 위험성이 더욱 크다.

사실 이러한 위험은 AI의 특유한 위험이라기보다 AI가 활용되는 분야에 본래 내재하는 위험이라고 볼 수도 있다. 교통사고, 의료사고, 불완전 판매, 잘못된 조언에 따른 투자 손실 등은 AI가 활용되기 이전에도 이미 존재하던 위험들이다. 다만 AI의 활용은 기존 위험의 성격과 규모에 변화를 가져올 수 있다. 인간 운전자가 일으킨 교통사고와 자율주행시스템이 일으킨 교통사고는 사고 결과가 같더라도 그 성격이 다르다. 전자가 스스로 법적 책임을 부담할 수 있는 사람의 행동으로 인해 발생한 것인 반면 후자는 법적 책임을 질 수 없는 기계에 의한 것이기 때문이다. 사고 규모도 달라질 수 있다. 기존에 교통사고는 개별 자동차 단위에서 발생하였지만, 자율주행시스템 오작동이나 해킹에 의한 사고는 동일한 자율주행시스템이 장착된 모든 차량에서 동시에 발생할 수 있어 대규모 재난으로 이어질 수도 있다. 이러한 위험의 성격과 규모의 변화를 고려하여 AI 오류에 따른 사고 위험에 대응해야 한다.

AI 사고 위험에 대응하는 방안으로 AI 오류가 발생하지 않도록 예방하는 것이 무엇보다 중요할 것이다. 특히 교통, 의료, 기간 시설 등 안전과 밀접한 연관이 있는 분야에는 더욱 엄격한 사전 규제가 요구된다. 이에 EU는 고위험 인공지능에 대한 포괄적이고 강력한 규제를 도입하였고, 우리나라도 2024년 12월 제정된 인공지능 기본법에 고영향 인공지능에 대한 규제 방안을 마련하였다. 한편 AI 활용 분야별로 사고 예방을 위한 기술적 조치의 기준도 제시되고 있다. 국토교통부의 자율주행차 안전기준, 산업안전부의 실외 이동 로봇 운행 안전 인증 제도, 보건복지부의 디지털 및 인공지능 의료기기에 대한 안전성 심사 제도, 금융위원회의 금융 분야 AI 운영 가이드라인 등이 그것이다. 이처럼 예방 조치는 주로 주무 부처 중심의 규제 정책의 형태로 마련되고 있다.

예방 조치와 더불어 만에 하나 사고가 발생하더라도

피해자가 신속하고 적정하게 구제될 수 있도록 하는 사후 보상 방안도 마련되어야 한다. 안전 규제를 아무리 촘촘히 만들어도 모든 사고를 예방할 수는 없다. AI 오작동이나 해킹으로 사고가 발생했을 때 책임 소재가 불분명하거나, 책임 소재가 분명하더라도 책임자에게 현실적으로 책임을 물을 수 없거나, 책임자가 배상자력이 없는 경우 피해를 복구하기가 어렵다. 특히 사람의 생명·신체에 피해가 발생한 경우 신속하고 적절한 피해 복구 방안이 마련되지 않으면 돌이킬 수 없는 결과가 발생할 수도 있다. 이에 생명·신체상 피해에 대해서는 더욱 확실한 사후 보상 방안이 마련될 필요가 있다. 사후 보상 방안의 핵심은 책임법제와 보험 제도다. 책임법제는 사고 발생 시 책임 소재와 책임 범위를 명확히 하는 역할을 한다. 나쁜 결과에 대해 누가, 어떤 요건에 따라, 어느 범위까지 책임을 부담해야 하는지를 정하는 것이 책임법제다. 근대 이후 책임법제는 과실책임, 즉 나쁜 결과가 발생한 데 대해 과실이 있는 자가 책임을 부담하는 것을 원칙으로 한다. 그런데 과실책임 원칙을 관철하면 과실 여부가 불분명하거나 입증이 곤란한 경우에 책임에 공백이 발생할 수도 있다. 이때 위험원을 지배하고 관리하는 자에게 책임을 귀속시키는 '위험책임 원칙'이나 위험원을 통해 이익을 얻는 자에게 책임을 귀속시키는 '보상책임 원칙'이 적용된다. 이처럼 책임법제는 사후 보상 수단의 기본 원칙과 내용을 구성한다. 반면 보험 제도는 현실적 보상을 담당한다. 책임법제가 마련되어 있더라도 책임 주체가 그 책임을 이행할 자력이 없으면 피해자가 보상받을 수 없다. 따라서 실질적 보상을 담당할 보험 제도가 반드시 뒷받침되어야 한다. 자동차 사고, 항공기 사고, 원자력 사고 등 위험도가 높은 분야에는 모두 사후 보상 방안으로 보험 제도가 마련되어 있다. AI 사고도 보험으로 피해를 구제하도록 하는 것이 가능하고, 또 필요하다. 우리나라는 자율주행차와 실외 이동 로봇에 대한 보험 제도를 마련하여 의무보험으로 운영하고 있다. EU에서는 고위험 인공지능에 대해 보험 가입을 의무화하는 방안이 검토되고 있다.

AI 시대 보험의 역할과 과제

이 책에서는 AI 시대를 맞아 보험에 기대되는 역할은 무엇인지 그리고 그 역할의 성공적 수행을 위한 과제에는 어떤 것들이 있는지 개관해 보고자 한다. AI 시대에 우리가 마주하게 될 다양한 위험, 특히 AI 오작동에 따른 사고 위험에 대비하고 피해자를 구제하기 위해 보험이 어떤 역할을 해야 하는지를 구체적으로 살펴보는 것이 목적이다. 이를 위해서는 보험에 대한 이해와 함께 AI에 대한 이해가 필요하다.

AI는 인류가 처음 마주한 새로운 기술이지만, 그렇다고 하여 AI 위험에 대응하는 방안이 기존에 없던 완전히 새로운 것이어야만 하는 것은 아니다. 다음 두 가지 측면에서 그러하다. 첫째, 우리는 AI가 활용되는 다양한 영역에서 발생하는 위험에 대한 대응 수단을 이미 가지고 있다. 앞서 본 것처럼 우리 일상의 다양한 영역에는 고유한 위험이 존재한다. 자동차의 활용에는 교통사고 위험이 따르고, 의료 행위에는 의료사고 위험이 따른다. 자동차에 자율주행시스템이 탑재되고 수술이나 진단에 AI가 활용되더라도 교통사고 위험과 의료사고 위험이 근본적으로 달라지지는 않는다. 다만 그 성격이나 규모가 달라질 뿐이다. 따라서 기존에 우리가 활용해 온 위험 대응 수단을 AI 위험에 확대 적용함으로써 위험에 대응하는 것도 충분히 가능하다. 교통사고 피해자 구제를 담당하는 자동차보험을 자율주행차 사고에도 확대 적용하면 자율주행차 사고 피해자도 자동차보험에서 보상받을 수 있게 된다. 의료 AI를 활용하여 의료 행위를 하다가 발생한 의료사고도 의료배상책임보험으로 보상할 수 있도록 하면 진단 로봇이나 수술 로봇이 개입해 발생한 의료사고로 피해를 본 환자도 보험으로 보상을 받을 수 있게 된다. 물론 기존의 위험에서 AI 위험을 별도로 분리해 AI 위험에만 대응할 수 있는 별도 방안을 마련하는 것도 고려해 볼 수 있다. 그러나 기존의 위험 대응 방안을 확대 적용함으로써 AI 위험을 담보할 수 있다면 그편이 더 합리적이고 효율적일 수 있다.

둘째, 과학기술의 발전은 다양한 새로운 위험을 발생시켰지만, 위험의 종류를 불문하고 보험은 언제나 위험에 대응하는 핵심 수단이 되어 왔다. AI 시대에 마주하게 된 미증유의 위험에 대해 경험과 통계를 기반으로 하는 보험으로는 대응하기 어렵다고 생각할 수도 있다. 그러나 보험은 언제나 과거에 없던 새로운 위험을 담보해 왔다. 과거의 경험이나 누적된 통계가 없다는 것은 위험에 대한 평가가 쉽지 않다는 의미를 가질 뿐 보험에 의한 담보 가능성 자체를 부정해야 할 문제는 아니었다. 인류는 선박을 건조하여 항해에 나서고, 철도를 건설하여 대륙을 횡단하고, 자동차를 대량 생산하여 일상생활에서 활용하고, 원자력 발전소를 건설하여 효율적으로 에너지를 공급받고, 이제 우주까지 진출하고 있다. 모두 기존에 보지 못한 새로운 위험이었고 위험의 종류와 크기도 제각각이었지만 예외 없이 보험으로 담보되었다. 보험은 이미 우리가 알고 있는 위험에만 적용될 수 있는 것이 아니라, 위험이라는 범주에 속하는 모든 현상에 대응할 수 있는 수단이기 때문이다.

과거 새로운 위험에 대해 보험이 수행해 온 역할을 고려해 볼 때, AI 위험에 대해서도 보험을 통해 대응하는 것이 필요하다. 따라서 AI 위험에 효과적으로 대응하려면 AI에 대한 이해 못지않게 보험의 본질과 역할이 무엇인지 그리고 과거 우리가 새로운 과학기술의 출현에 어떻게 대응해 왔는지 이해해야 한다. 보험이 본래 어떠한 원리로 작동되는지를 이해해야 AI 위험에 대비해 보험을 어떻게 활용할지를 알 수 있다. 이 책에서는 과학기술, 위험, 책임, 보험 그리고 인공지능이라는 5가지 키워드로 이러한 이해를 시도해 보고자 한다.

이 책의 구성

이 책은 크게 네 부분으로 구성된다. 첫 부분에서는 보험의 기본 원리를 알기 쉽게 설명한다. 보험에서 담보하는 위험이 무엇인지(1. 위험과 보험), 사고에 대한 책임과 책임보험의 관계는 어떠한지(2. 책임과 보험)를 살펴본다.

두 번째 부분에서는 인공지능 보험 제도를 구상해 본다. 먼저 인공지능 위험을 어떻게 정의하고 세분화할 수 있을지를 살펴본다. 인공지능 보험 제도를 구상하려면 먼저 그 보험의 담보 대상인 인공지능 사고 위험을 구체화할 필요가 있다(3. 인공지능 사고와 위험). 다음으로 인공지능 사고가 발생했을 때 누가 책임을 부담하는지의 문제를 살펴본다. 이는 사고에 대비하여 누가 보험에 가입해야 하는가 하는 문제와 관련된다(4. 인공지능 사고와 책임). 이러한 위험과 책임에 관한 검토를 토대로 인공지능 책임보험의 체계를 구상해 보고(5. 인공지능 책임보험), 보험 가입을 의무화할 필요가 있을지를 살펴본다(6. 인공지능 의무보험).

세 번째 부분에서는 이미 상용화 단계에 들어선 AI 관련 보험의 현황을 살펴본다. 가장 대표적 사례인 자율주행차 보험을 살펴보고(7. 자율주행차 보험), 실외 이동로봇과 의료 인공지능 보험을 살펴본다(8. 실외 이동 로봇과 보험, 9. 의료 인공지능과 보험).

마지막으로 보험 산업의 인공지능 활용 현황을 살펴본다. 인공지능 보험사기 탐지 시스템, AI 설계사 등 보험소비자들의 권리 · 의무에 영향을 미칠 수 있는 활용 형태를 살펴보고 이에 대한 정부의 규제 방향을 검토해

본다(10. 보험 산업과 인공지능).

모쪼록 이 글이 독자들에게 인공지능 시대 보험의 역할에 대한 공감대를 형성하는 데 기여할 수 있기를 기대한다.

01
위험과 보험

위험(危險, Risk)은 우리의 일상에 상존한다. 과학기술의 발전은 인류에게 질병과 자연재해 같은 전통적 위험에 대처할 수 있는 길을 열어주었으나 동시에 새로운 위험을 창출하였다. 인류는 위험에 대해 사전 예방 수단과 사후 구제 수단으로 대응해 왔다. 보험(保險, insurance)은 위험에 대한 사후 구제 수단의 한 축을 이룬다. 위험이 있는 곳에는 언제나 보험이 있었고, 이는 AI 시대에도 마찬가지다.

AI와 1인 창업?

위험의 정의

위험(危險, Risk)이란 무엇일까. 막연하고 추상적인 개념인 것 같지만 사실 위험은 우리의 일상에 상존하는 현실적이고 구체적인 개념이다. 자동차 운전자라면 누구나 "와, 진짜 '위험'했다. 사고 날 뻔했어"라는 혼잣말을 해 본 경험이 있을 것이다. 중요한 수술을 앞둔 환자는 의료진에게 "이 수술 '위험'하지 않은가요?"라고 물어보게 된다. 운전이나 수술처럼 일반적으로 겪게 되는 상황은 아니지만 우리를 불안하게 하는 특별한 위험도 있다. 몇 년에 한 번씩 도로가 함몰되어 자동차가 싱크홀에 추락하는 황당한 사건이 발생한다. 오래전 일이기는 하지만 우리는 한강 교량과 백화점 건물이 무너지는 일을 경험하기도 했다. 이런 사건을 마주할 때면 땅이 꺼질까 두려워했다는 기(杞)나라 사람의 근심(憂)이 그저 '기우(杞憂)'가 아니며, 땅이 꺼질 '위험'이 실재(實在)한다는 생각이 든다.

이렇게 우리가 매일 보고, 느끼고, 경험하는 '위험'의 의미는 무엇일까. 국어사전에서는 위험을 '해로움이나 손실이 생길 우려가 있음. 또는 그런 상태'라고 정의한다. 교통사고, 의료사고, 교량이나 건물의 붕괴, 화재, 자연재해 등 우리에게 해로움이나 손실을 입힐 우려가 있는 것은 모두 '위험'이다. 이러한 위험의 정의를 인식하고 주변을 둘러보면 우리 주위의 모든 것에서 위험을 발견하게 된다.

과학기술의 발전과 위험

전통적으로 위험은 주로 질병이나 자연재해와 관련이 있었다. 전염병으로 갑자기 사망하거나 지진, 태풍, 홍수로 삶의 터전이 무너지는 것이 대표적인 위험이었다. 인류는 이러한 질병과 자연재해 위험을 예측하고 관리하고 예방하려 노력해 왔다. 피터 L. 번스타인(Peter L. Bernstein)은 『리스크(Risk)』에서 인류의 역사를 과거와 현대로 구분 짓는 것은 '위험에 대한 지배(mastery of risk)'라고 하였다. 인간이 위험을 지배할 수 있게 되면서 비로소 신의 영역이라고 생각했던 자연재해나 미래를 예측해 좀 더 적극적인 삶의 태도를 취할 수 있게 되었고, 이때부터 바로 현대가 시작되었다고 보는 것이다.

인류가 위험을 지배할 수 있게 된 데에는 과학기술의 역할이 절대적이었다. 의학의 발전은 전염병을 예방하고 질병이나 부상 치료를 가능하게 하여 사망 위험을 크게 낮추었다. 수학, 통계학, 천문학 등의 발달로 자연재해를 비롯한 각종 위험에 대한 예측 가능성이 높아졌다.

건축 기술의 발전으로 건물과 교량이 견고해지면서 자연재해가 발생하더라도 그 피해를 줄일 수 있게 되었다.

이렇게 위험을 지배하는 핵심 수단인 과학기술은 아이러니하게도 인류에게 새로운 위험을 야기했다. 의학과 제약 산업의 눈부신 발전은 평균수명 연장과 건강 증진에 기여했지만, 다른 한편으로 의료인의 실수나 의약품 부작용으로 환자가 중태에 빠지거나 목숨을 잃는 상황이 발생했다. 대형 선박, 자동차, 기차, 항공기 등 이동수단은 이동성과 편의성을 크게 증대하며 산업 발전과 삶의 질 향상을 견인하였으나, 선박 침몰, 자동차 충돌, 기차 탈선, 항공기 추락이라는 새로운 사고 위험을 야기하였다. 원자력은 가장 효율적인 에너지원인 동시에 인류를 멸망케 할 수도 있는 위험원이 되었고 현재까지 그 활용에 대한 논쟁이 끊이지 않고 있다. 의료, 교통, 원자력 외에도 현대사회에서 활용되는 수많은 과학기술은 인간의 생명까지 앗아갈 수 있는 중대한 위험을 내포한 '위험원(危險源, Hazard Source)'이다. 인류는 이러한 위험원들의 효용과 위험의 크기를 형량하여 이를 폐기하는 대신 위험을 잘 관리하면서 활용하는 길을 택했다.

위험에 대한 두 가지 대응

특정 위험원을 사회적으로 수용하는 경우에도 가능한 한 그 위험 자체 또는 그에 따른 피해를 최소화하는 방안이 필요하다. 이러한 방안은 위험이 현실화되기 전인지 후인지를 기준으로 사전 예방 수단과 사후 대응 수단으로 구분된다. 사전 예방은 위험을 측정하고 관리하고 통제하여 위험 현실화 가능성을 낮추는 것을 의미한다. 사후 대응은 위험이 현실화된 이후 피해의 확산을 방지하고 피해 복구를 돕는 것을 의미한다. 전자는 주로 규제 수단, 후자는 주로 보상 수단으로 구현된다.

현대사회의 가장 대표적 위험원인 자동차를 예를 들어 살펴보자. 자동차는 사람의 생명, 신체, 재산에 막대한 피해를 줄 수 있는 교통사고라는 본질적 위험을 내포하고 있는 위험원이다. 그러나 이러한 위험 때문에 자동차 이용 자체를 금지하기에는 자동차의 효용이 너무나 크다. 이에 우리는 자동차라는 위험원을 사회적으로 수용하는 대신 교통사고 위험에 대한 사전 예방 수단과 사후 대응 수단을 마련하였다.

교통사고 위험에 대한 사전 예방 수단으로 가장 대표적인 것은 자동차 제작에 적용되는 자동차관리법과 자동차 운전에 적용되는 도로교통법이다. 우선 자동차 제작사는 자동차관리법에서 정한 자동차 안전기준에 따라 차량을 제작해야 한다. 브레이크, 핸들, 엔진 등이 제대로 작동하지 않으면 곧바로 사고로 이어질 수 있기 때문에 자동차 안전기준에 따라 자동차를 제작하는 것은 교통사고 예방을 위한 가장 기본적인 조치라 할 수 있다. 한편 자동차 운전자는 도로교통법에서 정한 바에 따라 운전면허를 취득해야 하고 운전 시 각종 주의의무를 준수해야 한다. 운전 미숙이나 교통법규 위반은 가장 흔한 사고 유발 요인이다. 따라서 도로교통법에 따라 면허를 취득하고 법규를 준수하는 것은 교통사고 예방을 위한 가장 직접적인 조치다. 자동차 제작사와 자동차 운전자에 대한 각종 규제와 면허 제도는 교통사고 위험을 줆이는 꼭 필요한 조치로 받아들여졌고, 현재 대부분 나라에서 유사한 제도가 운영되고 있다.

사전 예방 제도에도 불구하고 사고는 발생할 수 있다. 사고를 100% 방지할 수 있는 완벽한 제도는 존재하지 않고, 무엇보다 그 제도를 준수해야 하는 인간이 자신에게 부과된 의무를 완벽하게 이행할 거라고 기대할 수 없기 때문이다. 이에 실제 사고가 발생했을 때 대처하는 사후 대응 수단이 필요하다. 사후 대응 수단에는 여러 가지가 있으나 무엇보다 사고를 당한 피해자를 신속하게 구제하는 것이 중요하다. 자동차의 경우로 다시 돌아가 보자. 대다수 국가들은 자동차 사고 피해자를 구제하고자 특별법과 자동차보험 제도를 마련하고 있다. 우리나라도 교통사고 손해배상책임에 관한 특별법인 「자동차손해배상보장법」(이하 "자배법")과 자동차 의무보험 제도를 두고 있다. 자배법은 자동차 사고가 발생하면 자동차의 결함이나 운전자 과실 여부와 관계없이 자동차 보유자, 통상의 경우 자동차등록원부상 등록명의자가 1차적으로 사고에 대한 책임을 지도록 한다. 다만 보유자가 직접 보상을 하는 것은 아니며, 보유자가 가입한 자동차보험회사가 실질적 피해 보상을 담당한다. 이러한 특별한 책임법제와 보험 제도로 교통사고 피해자는 정확한 사고 원인이 밝혀지기 전, 예컨대 사고 원인이 차량 결함으로 인한 급발진 때문인지 운전자의 페달 오조작 때문인지가 밝혀지지 않은 상태라도 가해 차량 보유자가 가입한 보험에서 보험금을 받아 치료비 등에 충당할 수 있다. 추후 차량 결함이 사고 원인으로 드러나면 제작사의 제조물 책임이 성립되는데, 이때 보험회사는 피해자를 대신하여 제작사에 제조물책임법에 따라 구상권(求償權)을 행사함으로써 피해자에게 지급한 보험금 상당액을 회수하여 자동차보험 재원으로 충당한다. 이처럼 사고 원인과 관계없이 자동차보험에서 먼저 피해 보상을 실시하고, 사고 원인에 따라 실제 책임자에게 구상을 청구하는 것을 선보상-후구상(先報償-後求償)이라 한다. 자동차 외에 선박, 항공기, 원자력, 의료사고 등 우리가 떠올릴 수 있는 대부분의 위험원에 대해서는 각 사고의 특성을 고려한 피해 보상 방안이 마련되어 있다.

이처럼 우리는 위험원을 활용하여 효용과 편익을 누리면서도 위험 현실화에 따른 피해를 최소화하고자 그 위험원의 특성에 맞는 사전 예방 수단과 사후 구제 수단을 마련하고 있으며, 보험은 사후 구제 수단의 한 축을 담당하고 있다.

보험의 역할

위험에 대한 사후 구제 수단으로서 보험의 역할을 이해하려면 먼저 보험의 개념부터 알아볼 필요가 있다. 국어사전에서는 보험(保險)을 '손해를 물어 준다거나 일이 확실하게 이루어진다는 보증'이라고 정의한다. '손해를 물어 주는 것' 또는 '어떤 일을 확실하게 해 주는 것'이 보험의 본질이다. 이는 앞에서 본 '위험' 개념과 연결된다. 위험은 '해로움이나 손실을 발생시키는 것' 또는 '어떤 일이 불확실한 상태에 놓이는 것'인데, 보험은 이러한 해로

움, 손실, 불확실성을 해소해 주는 것이기 때문이다. 한자어의 뜻을 보면 의미가 더욱 명확해진다. '보(保)'는 '지키다', '보호하다', '보증하다', '책임지다'라는 의미이고, '험(險)'은 위험을 의미한다. 위험으로부터 무언가를 지키고, 보호하고, 위험이 현실화하더라도 손실 회복을 보증하고 책임지는 것이 바로 보험이다.

다시 자동차보험의 경우를 살펴보자. 자동차는 교통사고라는 본질적 위험을 가지는 위험원이다. 이러한 위험원을 사회적으로 허용하면 자동차 운전자, 탑승자는 물론 자동차를 이용하지 않는 보행자를 포함한 사회 구성원 전체가 교통사고 위험에 노출된다. 이에, 자동차 이용에 필연적으로 수반될 수밖에 없는 교통사고 위험으로부터 사람들을 지키고 보호하고, 교통사고로 인한 피해 보상을 보증하고 책임지기 위한 방안 중 하나로 자동차보험 제도가 마련되었다. 현재 대부분의 국가에서는 자동차를 보유하려면 보험에 가입하도록 법으로 강제하고 있다. 보험회사들은 자동차 보유자로부터 매년 보험료를 거두어 재원을 마련하고, 교통사고가 발생하면 그 재원으로 피해를 보상한다. 피해자로서는 가해자의 사력 유무와 관계없이 보험을 통해 신속하게 보상을 받을 수 있다. 자동차 보유자가 미리 일정한 보험료만 납

부하면 만에 하나 사고가 발생하더라도 피해 보상으로 인한 과도한 경제적 부담에서 벗어날 수 있다. 이처럼 자동차보험은 교통사고로 인한 피해의 보상을 담당함으로써 자동차 보유자와 피해자, 나아가 사회 구성원 전체를 보호하는 기능을 한다. 현재 우리나라의 자동차 등록 대수는 2600만 대를 넘어섰고(국토교통부, 2024), 한 해 납부되는 자동차보험료는 21조 원을 넘어선다(금융감독원, 2024).

우리 주변에 상존하는 대부분 위험에 대해서는 그 위험이 현실화되었을 때 보상을 담당하는 보험이 존재한다. 새로운 위험이 등장하면 그 위험의 특성에 맞는 새로운 보험이 등장한다. 한국 보험법 학계의 원로인 서울대학교 양승규 명예교수는 '보험은 사고 위험을 많은 사람이 서로 힘을 합쳐 대비하고자 인간 이성의 힘으로 찾아낸 가장 훌륭한 경제적 제도'라고 평가한다(양승규, 2000). 보험은 위험에 대응하기 위해 인류가 고안해 낸 유용한 발명품이며 사회안전망이다.

인공지능 시대를 맞아 우리는 인공지능이라는 새로운 위험원을 사회적으로 수용했을 때 발생할 수 있는 위험에 대한 사전 예방 수단과 사후 대응 수단을 마련해야 한다. 그리고 인공지능 보험은 인공지능 위험에 대한 사후 대응 수단의 중요한 하나의 축이 되어야 한다. 이것이 바로 지금 인공지능 보험 제도에 대한 검토가 필요한 이유다.

참고문헌

국토교통부(2024). 자동차 누적 등록대수 26,134천 대, https://www.molit.go.kr/USR/NEWS/m_71/dtl.jsp?id=95089998

금융감독원(2024). 2023년 자동차보험 사업실적, https://www.fss.or.kr/fss/bbs/B0000188/view.do?nttId=135386&menuNo=200218

양승규(2000). 『保險法의 法理』. 삼지원.

Peter L. Bernstein(2008). *Against the gods: The remarkable story of risk*, John Wiley & Sons, Inc. 안진환 옮김(2018), 『리스크』. 한국경제신문.

02
책임과 보험

사고가 발생하면 누군가 책임을 져야 한다. 이에 관한 법이 '책임법제'다. 근대 이후 책임법제는 '과실책임', 즉, 고의 · 과실로 위법한 행위를 한 자가 그 결과에 대한 책임을 부담해야 한다는 원칙에 따른다. 특별히 위험성이 높은 분야에서는 고의 · 과실이 증명되지 않더라도 책임을 인정하는 '엄격책임'이 적용된다. '책임보험'은 책임의 이행을 보증함으로써 현실적인 피해 구제 기능을 담당한다.

AI와 MBTI?

사고와 책임

사고(事故)의 사전적 정의는 '뜻밖에 일어난 불행한 일' 또는 '사람에게 해를 입혔거나 말썽을 일으키는 나쁜 짓'을 의미한다. 위험 개념과 연계해서 볼 때 사고는 위험이 현실화하는 것을 의미한다. 위험, 즉 '해로움이나 손실이 생길 우려'가 현실화해 해로움과 손실이 실제로 발생하게 된 것이 사고다.

사고가 발생하면 보통 두 가지 생각이 떠오르게 된다. 첫 번째는 왜 이런 사고가 일어났을까 하는 것이고, 두 번째는 이 사고를 누가 책임져야 하는가 하는 것이다. 전자는 사고 원인의 문제이고, 후자는 결과에 대한 책임 귀속의 문제다.

과학기술이 발달하기 전 사고는 대부분 불가항력으로 여겨졌다. 전염병이나 자연재해로 삶의 기반을 상실하게 되었을 때, 사람들은 왜 나에게 이런 일이 일어났는지 한탄하고, 신을 원망하거나 운명으로 여겨 받아들이고, 손실을 스스로 감당하였다. 위험에 대한 대비도 주로 개인이나 공동체가 자신이 처한 위험에 스스로 대비하는 형태였고, 사고 원인을 규명하고 잘잘못을 가려 책임을 묻는 형태는 아니었다. 인간의 힘으로 어쩔 수 없는 신의 영역에 대해 그 원인을 밝히거나 누군가에게 책임을 묻는 것은 불가능하기 때문이다.

과학기술의 발전으로 전염병이나 자연재해 위험은 과거에 비해 크게 줄어들었고 관리가 가능한 것으로 여겨지게 되었다. 오히려 과학기술에 의해 새롭게 창출된 위험원이 일으키는 다양한 사고가 등장하였다. 자동차 사고, 선박 침몰 사고, 항공기 추락 사고, 지하철 사고, 승강기 사고, 의료사고 등 새롭고 다양한 위험이 우리 일상을 위협하게 되었다. 그런데 이러한 사고들은 더 이상 불가항력으로 여겨지지 않는다. 과학적 방법론에 따른 원인 규명이 가능해졌고, 각종 규제법과 책임법이 마련되어 누가 어떤 조건하에 사고에 책임을 부담하는지도 명확해졌다. 환경오염 사고, 의료사고, 제조물 사고 등 인과관계 규명이 어려운 경우에는 입증책임 분배로 책임 귀속 여부를 정할 수 있도록 법 규정이나 판례 법리가 마련되었다. 전염병이나 자연재해처럼 과거에는 불가항력으로 여겼던 위험도 이제는 방역 체계나 재난 방지 체계가 잘 작동했는지를 살펴 사전에 이를 예측하고 방지하지 못한 것을 '인재(人災)'라 하며 누군가에게 책임을 묻는다.

사고는 예방 가능성과 귀책 가능성을 기준으로 불운(不運)과 불법(不法)으로 구별된다(권영준, 2020). 인간의 힘으로 막을 수 없고 결과에 대해 누구에게도 책임을 귀속시킬 수 없는 것은 불운의 영역에 속한다. 반면 사전에 예견이 가능하고 방지할 수 있으며, 그 결과에 대해 누군가에게 책임을 귀속시킬 수 있는 것은 불법의 영역에 속한다. 이러한 기준에 따를 때 현대사회에서는 불운의 영역은 줄어들고 불법의 영역은 확대되고 있다고 볼 수 있다. 사고가 발생하면 대부분 누군가에게 책임을 귀속시키는 것이 자연스럽게 여겨지고, 아무에게도 책임을 귀속시킬 수 없는 상황은 오히려 예외적인 것으로 여겨지고 있다.

책임과 책임법제

사고 책임 귀속은 사고 원인 규명과 동일선상의 문제처럼 보이기도 한다. 일반적으로 사고 원인을 제공한 사람이 책임도 부담하는 것이 당연하게 여겨지기 때문이다. 그러나 원인과 책임은 구별되는 개념이며, 인과관계와 책임귀속이 항상 일치하는 것은 아니다. 사고 원인이란 사고 발생에 인과적(因果的) 영향을 미친 요인을 의미하며, 이는 기본적으로 사실관계 문제에 속한다. 반면 사고 책임은 위법한 행위를 한 사람에게 법적 불이익이나 제재를 가하는 것으로 규범적 개념이다. 어떠한 행위가 위법한지, 위법한 행위를 한 자에게 어떤 불이익이나 제재를 가할지는 법에서 정해진다. 따라서 책임이 인정되려면 그에 대한 법적 근거가 존재해야 한다. 이때 책임의 법적 근거는 사고에 대한 인과적 원인과 같을 수도 있고 그렇지 않을 수도 있다.

교통사고의 경우를 살펴보자. 자동차 관련 법령은 자동차 제작사, 자동차 운전자, 자동차 보유자에게 각각 책임을 부과한다. 자동차 제작사는 자동차관리법에서 정한 자동차 안전기준에 따라 차량을 제작해야 하는 법적 의무를 부담한다. 만약 제작사가 안전기준을 위반하여 결함 있는 차를 제작하였고 그 결함으로 인해 사고가 발생하였다면 제작사는 사고에 대해 책임을 부담한다. 자동차 운전자는 도로교통법에서 정한 운전에 관한 주의의무를 준수해야 할 법적 의무를 부담한다. 따라서 음주, 무면허, 중앙선 침범 등 도로교통법상 의무를 위반하여 사고가 발생하였다면 운전자의 책임이 인정된다. 자동차 보유자는 자동차손해배상보장법에 따라 자신이 관리하는 자동차를 운행하던 중 사고가 발생하여 피해자가 사망하거나 상해를 입은 경우 배상책임을 부담한다. 자신의 이익을 위하여 위험원인 자동차를 운행함으로써 교통사고 위험을 창출하였으므로 그 위험원에 의해 발생한 손해에 대해서도 책임을 부담하도록 하는 것이다. 이때 보유자가 자신이 직접 운전하지 않았다는 주장은 면책사유로 인정되지 않는다. 보유자의 책임은 보유자가 운전했기 때문에 인정되는 것이 아니라 자동차라는 위험원을 지배하며 이용하였다는 점에 근거해서 인정되는 것이기 때문이다. 이처럼 자동차 제작사는 '제작', 자동차 운전자는 '운전', 자동차 소유자는 그 자동차의 '운행지배와 운행이익'에 근거하여 책임을 부담한다. 책임의 주체, 요건, 범위는 각각의 근거 법령에 미리 정해져 있으며, 책임 귀속이 반드시 사고의 인과적 원인과 일치하는 것은 아니다. 사고에 대한 책임 문제는 사실적 차원의 인과관계가 아닌 규범적 차원의 의무와 책임에 따라 결정된다. 사고에 대한 법적 책임 문제를 정하고 있는 법제를 '책임법제'라 하고, 책임법제상 책임이 부여되어 있는 자를 '책임 주체'라 한다.

책임법제의 유형

사고에 대해 책임을 진다는 것은 여러 가지 의미가 있다. 징역이나 벌금 같은 형사처벌을 받는 것이나 면허취소나 과태료 같은 행정제재를 받는 것도 책임의 일종이다. 이 책에서 다루는 책임은 피해 복구와 직접 관련되는 책임인 민사상 손해배상책임이다.

손해배상에 관한 책임법제의 기본 원칙은 근대 이후 확립된 '과실책임 원칙'이다. 과실책임이란 과실(過失), 즉 잘못이 있는 자가 책임을 부담한다는 의미다. 우리나라 민법 제750조는 "고의 또는 과실로 인한 위법행위로 타인에게 손해를 가한 자는 그 손해를 배상할 책임이 있다"라고 정하여 과실책임 원칙을 채택하고 있음을 명시하고 있다. 과실 있는 자가 책임을 부담해야 한다는 것은 너무나 당연한 것이지만 꼭 그런 것은 아니다. 근대 이전 책임법제의 기본 원칙은 '결과책임 원칙'이었다. 결과가 발생하면 그 결과와 일정한 관련이 있는 자가 자신이 실제 잘못을 했는지와 관계없이 무조건 책임을 지도록 하는 것이다. 과실책임 원칙은 계약 자유의 원칙, 사유재산 보장의 원칙과 더불어 개인의 자유로운 경제활동을 가능케 하는 근대 민법의 3원칙 중 하나로 평가되고 있다.

그런데 모든 사안에 대해 과실책임 원칙을 관철할 경우 불합리한 결과에 이를 수 있다. 스스로 책임을 부담할 능력이 없는 자가 잘못을 저지른 경우, 다른 사람에게 고용되어 고용주의 지시에 따라 업무를 수행하다가 잘못을 저지른 경우, 동물이나 물건에 의해 사고가 발생한 경우가 그러하다. 제조물 사고나 의료사고와 같이 과실책임 원칙 적용이 가능하지만 과실의 존재를 입증하기가 매우 어려운 경우도 있다. 교통사고처럼 사후적으로 과실 입증이 가능함에도 다친 피해자를 구제하는 것을 우선시해야 경우도 있다. 이러한 경우까지 과실책임 원칙을 관철하게 되면 오히려 정의와 형평에 반하는 결과가 초래된다. 이에 과실책임 원칙을 완화하거나 예외를 인정할 필요성이 인정된다.

우리 민법은 미성년자나 심신상실자가 타인에게 피해를 준 경우 그 감독자가 손해배상책임을 부담하도록 하고 있다(민법 제755조). 또한 고용주나 도급인은 피용자나 수급인이 타인에게 가한 손해에 대해 책임을 부담해야 한다(민법 제756조, 제757조). 공작물의 소유자와 점유자, 동물의 점유자는 그 공작물이나 동물로 발생한 피해에 대해 책임을 부담한다(민법 제758조, 제759조). 제조물책임법은 제품의 결함, 결함과 사고의 인과관계가 입증되면 제조업자의 과실이 입증되지 않았더라도 책임을 인정한다(제조물책임법 제3조). 의료사고에 대해 판례는 환자 측에서 일련의 의료 행위 과정에서 발생한 '일반인의 상식에 바탕을 둔 의료상 과실 있는 행위'를 증명하고, 그 결과 사이에 '일련의 의료 행위 외에 다른 원인이 개재될 수 없다는 점'을 증명한 경우 의료인 측에서 그 결과가 다른 원인으로 발생했다는 점을 입증하지 못하는 한 책임을 면할 수 없다고 판단하였다(대법원 1995. 3. 10. 선고 94다39567 판결). 자배법은 자동차 사고의 경우 자동차 보유자는 자기 과실 여부와 관계없이 책임을 부담하도록 하고, 원자력배상책임법도 원자력 사고가 발생하면 원자력 사업자가 무조건 배상책임을 부담하도록 하고 있다.

이상과 같은 책임법제들은 과실책임 원칙의 예외에 해당한다. 특히 과실의 증명을 요구하지 않는 형태의 책임을 '엄격책임(嚴格責任, strict liability)'이라 한다. 엄격책임은 사고의 책임 주체가 과실책임이 적용되는 경우보다 더 무거운 책임을 부담하도록 하여 사고 피해자가 더 확실히 구제받을 수 있도록 한다.

책임법제와 책임보험

책임보험은 책임에 대해 드는 보험이다. 내가 어떤 사고로 책임을 부담하게 될 것에 대비하여 보험에 가입하는 것이다. 책임보험에 가입함으로써 책임 주체는 과도한 배상책임 부담의 위험을 보험회사에 전가하고 더 적극적으로 경제활동을 할 수 있다. 피해자 역시 가해자의 자력 여부와 관계없이 피해 보상을 받을 수 있어 도움이 된다. 이처럼 책임보험은 책임자와 피해자 모두 만에 하나 발생할 수 있는 사고에 대한 두려움에서 다소나마 벗어나 자유롭게 경제활동을 하는 데 도움을 주는 제도다.

책임보험은 1800년대 후반 과학기술의 발전, 특히 자동차 산업의 발전과 함께 그 역할이 확대되었다. 과학기술의 발전으로 새로운 위험원이 등장하면 그 위험원에 의한 사고에 대응하기 위한 책임법제가 마련되고, 책임법제에 따라 책임을 부담하게 될 책임 주체가 보험회사에 위험을 이전할 수 있는 책임보험이 마련되었다. 특히 위험의 규모가 개별 경제주체 스스로 감당하기 어려울 정도로 큰 경우 책임보험의 역할은 더욱 중요해진다.

인공지능 시대에는 인공지능을 둘러싼 각종 사고가 발생할 것이다. 그 사고에 대해 현행 과실책임과 엄격책임으로 대응할 수 있을지, 아니면 별도의 책임법제가 필요할지, 별도의 책임법제를 마련한다면 누구에게 어떠한 요건에 따라 어느 범위에서 책임을 귀속시킬지 등 해결해야 할 문제가 산적해 있다. 책임법제 논의는 인공지능 책임보험에 대한 논의로 이어지게 될 것이다. 이를 위해 인공지능 전문가, 법률 전문가, 보험 전문가를 비롯한 관련 분야 전문가들의 연구와 협의가 요구된다. 과거 새로운 위험에 인류가 대응했던 지혜를 거울로 삼고, 인공지능 위험과 인공지능 사고의 특수성을 면밀히 분석하여 인공지능 시대 책임과 보험에 대한 논의를 진행할 필요가 있다.

참고문헌

권영준(2020). 『민법학의 기본원리』. 박영사.

03

인공지능 사고와 위험

인공지능은 오작동이나 해킹으로 사고를 일으킬 수 있다. 자율주행시스템이 교통사고를 내거나, 수술 로봇이 의료사고를 일으키거나, 로보어드바이저가 고객에게 투자 손실을 입히는 것 모두 인공지능 사고에 해당한다. 이러한 다양한 유형의 인공지능 사고 위험에 효과적으로 대응할 수 있는 제도가 필요하다.

AI와 난임 극복?

인공지능과 위험

인공지능은 다른 과학기술과 마찬가지로 인류에게 효용과 위험을 함께 가져다준다. 그리고 인류는 인공지능이라는 위험원을 사회적으로 수용하기로 결정한 이상 그 위험에 대한 대비책을 마련해야 한다. 그런데 우리가 대비해야 할 '인공지능 위험'이란 구체적으로 무엇일까.

인공지능 위험은 한마디로 정의하기 어렵다. 인공지능에 의한 저작권 침해 위험이나 개인정보 유출 위험과 같이 특정한 권리에 대한 침해 위험부터 인공지능 확산에 따른 대규모 실업 위험과 인공지능이 통제 불가능한 상태가 되어 인류가 인공지능에 종속될 위험까지 위험의 범주와 규모도 다양하다. 이러한 위험 중 가장 현실적이고 직접적인 위험은 인공지능 오작동으로 인한 사고 위험일 것이다. 특히 인공지능 오작동이 사람의 생명과 신체에 직접 위해를 끼치게 된다면 그 위험은 더욱 중대하다. 자율주행차가 보행자를 충돌하거나, 서빙 로봇이 고객에게 뜨거운 음식물을 쏟거나, 수술 로봇이 오작동하여 엉뚱한 부위를 수술하거나, 진단 로봇의 오진으로 환자에게 잘못된 처치나 처방이 이루어지는 경우 등이다. 이러한 인공지능 사고 위험에 대한 대비가 필요하다.

인공지능 사고 위험에 대한 대응 방안을 논의하려면 먼저 '인공지능 사고'의 의미와 범위를 정할 필요가 있다. 앞서 예로 든 자율주행차, 서빙 로봇, 수술 로봇, 진단 로봇에 의한 사고를 모두 포함할 수 있는 인공지능 사고 개념을 확정해야 한다. 이를 위해 먼저 '인공지능'의 의의를 살펴보고, 이어 '인공지능 사고'에 대한 논의를 살펴본다.

인공지능의 의의

'인공지능(Artificial Intelligence)'이라는 개념은 1956년 다트머스 회의에서 공식적으로 등장하였다. 당시 인공지능은 '지능적 기계, 특히 지능적 컴퓨터 프로그램을 만드는 과학과 공학 분야'라고 정의되었다. 다트머스 회의로부터 70년이 지난 2025년 현재, 인공지능은 더 이상 과학과 공학의 한 분야라는 제한적 의미로 이해되지 않으며 훨씬 더 광범위한 의미를 갖게 되었다. 인공지능의 개발과 활용의 모든 국면을 관통하는 정의를 내리기는 점점 더 어려워지고 있다. 2024년 노벨 경제학상 수상자 대런 애스모글루(Daron Acemoglu)는 "인공지능에 대해 하나의 합의된 정의를 내리기 어려우며, 우리 삶의 모든 영역에서 적용되고 있는 디지털 알고리즘 내지 기계

지능을 '현대 AI'라고 부르자"라고 제안하기도 했다(애스모글루 & 존슨, 2023).

이러한 어려움에도 국내외 인공지능 관련 법안에서는 인공지능에 대한 정의를 시도하고 있다. 인공지능의 개발과 활용을 법으로 규율하려면 규율 대상인 인공지능의 의의를 먼저 확정해야 하기 때문이다. 우리나라의 경우 2024년 12월 제정된 인공지능 발전과 신뢰 기반 조성 등에 관한 기본법(이하 "인공지능 기본법")에서 인공지능의 개념을 정의하고 있다. 이 법은 "'인공지능"이란 학습, 추론, 지각, 판단, 언어의 이해 등 인간이 가진 지적 능력을 전자적 방법으로 구현한 것'이라고 정의하고 있다. 또한 "'인공지능 시스템"이란 다양한 수준의 자율성과 적응성을 가지고 주어진 목표를 위하여 실제 및 가상환경에 영향을 미치는 예측, 추천, 결정 등의 결과물을 추론하는 인공지능 기반 시스템'이라고 정의하였다(인공지능 기본법 제2조). 이러한 정의 규정은 우리나라보다 앞서 인공지능 관련 법제를 마련한 EU의 입법례를 따른 것으로 보인다. 2024년 8월 발효된 EU AI법은 '인공지능 시스템(AI System)'을 '다양한 수준의 자율성(autonomy)을 가지고 작동하도록 설계된 기계 기반 시스템으로, 배포 후 적응성(adaptiveness)을 나타낼 수 있으며, 명시적·묵

시적 목표를 달성하고자 입력된 정보로부터 예측, 콘텐츠, 추천 또는 결정을 생성하는 방법을 추론하는 것'이라고 정의하고 있다(EU AI Act Article 3(1)).

이상의 논의와 입법례들을 살펴볼 때, 실질적 의미의 인공지능을 모두 포괄할 수 있는 개념 정의는 하기 어렵지만, 적어도 법령의 규율 대상으로서 인공지능은 '인간의 지적 능력을 모방한 기계 기반 시스템으로, 일정 수준의 자율성과 적응성을 가지며, 입력된 정보에 기초하여 일정한 출력(예측 · 콘텐츠 · 추천 · 결정)을 제공하는 것'이라고 정의할 수 있을 것이다. 이러한 개념 정의에 기초할 때 특정 시스템의 인공지능 해당 여부를 결정하는 특징적 요소는 다음과 같다. 첫째, 인공지능은 인간의 지적 능력을 모방한 기계 기반 시스템이다. 둘째, 인공지능은 인간의 개입으로부터 어느 정도 독립적으로 업무를 수행할 수 있는 특성, 즉 '자율성'을 가진다. 셋째, 인공지능은 출시 후 머신러닝, 딥러닝 등으로 스스로 변화하는 특성인 '적응성'을 가진다. 넷째, 인공지능은 입력된 정보에 기초하여 의도된 바에 따라 일정한 '출력물(out put)'을 생성한다. 이 중 인공지능 사고 위험과 관련하여 특히 주목해야 할 것은 인공지능이 '자율성'과 '적응성'을 가지고 '출력물'을 생성한다는 점이다.

인공지능 사고의 의의

인공지능은 범용 기술이다. 범용 기술은 특정 분야에 국한되지 않고 산업과 인간의 삶 전반에 변화를 가져오는 기술을 의미한다. 농업, 전기, 인터넷 등이 범용 기술에 해당한다. 인간의 지적 능력을 모방한 기계 기반 시스템인 인공지능은 인간의 지적 활동을 요구하는 모든 분야에서 활용될 수 있다는 점에서 범용 기술에 해당한다. 그리고 인공지능이 활용되는 모든 분야에서 인공지능에 의한 사고가 발생할 수 있다. 다양한 분야에서 제각각의 형태로 발생하는 인공지능 사고에 체계적·종합적으로 대응하려면 인공지능 사고에 대한 개념 정의가 필요하다.

EU는 AI법과 AI 책임 지침(안) 등에서 인공지능 사고의 의미와 범위의 구체화를 시도하고 있다. AI법은 인공지능과 관련된 '중대한 사고(Serious Incident)'에 대해 인공지능 운영자에게 보고 의무를 부과하고 있다(AI Act Article 73). 이때 보고 대상인 중대한 사고는 인공지능의 오작동 등으로 (i) 사람이 사망하거나 사람의 건강에 심각한 피해가 발생하거나, (ii) 핵심 기반 시설의 관리나 운용에 중대하고 되돌릴 수 없는 장애가 발생하거나, (iii) 기본권 보호를 목적으로 하는 유럽연합 법령상의 의무를 위반하거나, (iv) 재산 또는 환경에 심각한 피해가 발생하는 것을 의미한다(AI Act Article 3(49)). AI법의 규율 대상인 인공지능 사고는 중대한 사고에 한정되는 바, 사고 개념도 피해의 종류와 크기에 초점을 맞추고 있다.

반면 2022년 공개된 EU AI 책임 지침(AI Liability Directive, AILD) 초안은 이 지침의 적용 대상을 'AI 시스템으로 발생한 손해에 관한 배상 청구'라고 정하면서, 이때 배상 청구는 'AI 시스템에 의한 출력물(out-put)로 발생한 손해 또는 출력이 기대되는 상황에서 출력물 생성 실패(failure of such a system to produce an out-put)로 발생한 손해에 대한 비계약적 과실 기반 민사 손해배상 청구를 의미한다'고 정의하고 있다(AILD 초안 Article 2(5)). '비계약적 과실 기반 민사 손해배상청구'라는 표현은 계약 위반에 따른 손해배상청구나 자동차 사고, 제조물 사고와 같이 엄격책임에 기반한 손해배상청구는 이 지침 적용 대상에서 제외된다는 의미다. 따라서 이 지침은 인공지능에 의한 출력물 또는 출력물 생성 실패로 발생한 손해에 대해 피해자가 과실책임 원칙에 따라 손해배상을 청구하는 경우 적용된다. 이 지침에 따를 때 인공지능 사고는 '인공지능 시스템에 의한 출력 또는 출력

실패가 손해를 야기한 경우'라는 넓은 의미가 된다.

한편 경제협력개발기구(OECD)는 2024년 인공지능 사고 모니터링 시스템(AI Incident Monitor, AIM)을 도입하면서 모니터링 대상인 'AI 사고(AI Incident)'를 정의하였다. AIM의 대상인 AI 사고란 '인공지능 시스템의 개발, 사용, 오작동으로 직간접적으로 손해가 발생한 사건, 상황 또는 일련의 사건을 의미하며, 이때 손해는 (i) 사람의 생명, 신체, 건강을 침해하는 경우, (ii) 중요 기반 시설의 관리와 운영에 장애를 초래한 경우, (iii) 인권을 침해하거나 기본권, 노동권, 지적재산권 보호를 목적으로 제정된 법령을 위반한 경우, (iv) 재산권, 공동체, 환경에 피해를 준 경우를 의미함'이라고 정의된다(OECD, 2024). OECD의 인공지능 사고 정의는 사고 원인을 인공지능 시스템의 개발, 사용, 오작동으로 구체화하고 있다.

우리나라에서도 고위험 인공지능이 이용자에게 손해를 준 경우 배상책임을 인정하는 법안이 발의되기도 하였으나(인공지능책임법안, 황희 의원 대표발의, 의안번호 2103235) 21대 국회 임기 만료로 폐기되었다. 이 법안에서는 인공지능 사고를 별도로 정의하지는 않았고 고위험 인공지능 사업자가 이 법을 위반하여 소비자에게 손해가 발생한 경우 이를 배상할 책임이 있다고 정하였다(동 법안 제22조). 한편 인공지능 사고·책임에 관한 내용은 2024년 12월 제정된 인공지능 기본법에는 반영되지 않았다

인공지능 사고에 대한 국내외 논의를 종합해 볼 때, 인공지능 사고란 인공지능의 개발·이용 과정에서 인공지능이 기대나 예상과 다른 방향으로 작동한 결과 생명, 재산, 인권, 환경, 기본권 등 법익을 침해하여 손해가 발생하는 것이라고 정의할 수 있을 것이다.

인공지능 사고 위험과 보험

이상에서 살펴본 인공지능과 인공지능 사고의 의의와 범위에 비추어 볼 때, 인공지능 사고 위험은 인간의 지능을 모방한 기계 기반 시스템이 자율성과 적응성을 가지고 생성해 낸 출력물이 당초 기대나 예상에서 벗어나 생명, 신체, 재산, 인권, 환경, 사회 기반 시설 등에 피해를 줄 가능성이라고 정의해 볼 수 있다.

보험을 이용한 인공지능 사고 위험 대응 방안은 크게 두 가지 접근이 가능하다. 첫째, 인공지능 사고에 대한 책임법제를 전제로 책임보험을 마련하는 방안이다. 인공지능 사고가 발생했을 때 누가, 어떠한 요건에 따라, 어느 정도 범위의 책임을 부담해야 하는지를 법에서 정

하고, 그 책임법제에서 정한 책임 주체가 사고에 대한 손해배상책임을 부담하되, 실제 보상은 보험을 통해 이루어지도록 하는 방법이다. 이때의 보험은 자동차보험의 대인·대물 배상 담보 및 전문직 배상책임보험과 유사한 형태가 된다. 둘째, 책임법제와 관계없이 피해를 보상할 수 있는 보험 제도를 마련하는 것이다. 이때 보험은 타인의 손해에 대한 배상책임을 담보하는 배상책임보험이 아니라, 자기 자신이 입게 될 손해를 담보하는 손해보험으로, 자동차보험 중 자기신체사고와 자차보험, 건강보험과 유사한 형태다.

인공지능 사고에 가장 적합한 보험 제도가 무엇인지 곧바로 결론을 내리기는 어렵다. 지금은 인공지능이 막 도입되기 시작한 과도기적 상황이고, 인공지능 기술의 발전과 활용 양상에 따라 인공지능 사고에 적합한 보험 제도도 달라질 수 있기 때문이다. 따라서 인공지능의 발전 단계를 고려하여 지속적인 검토가 필요하다. 다만 고위험 인공지능 사고 위험에 대비할 수 있는 보험 제도는 시급히 마련될 필요가 있다. 자동차, 의료, 금융, 원자력 등 위험성이 높거나 전문적인 분야의 경우 인공지능 사고 발생 시 피해자를 구제할 수 있는 보험 제도를 선제적으로 마련해야 할 것이다.

참고문헌

Daron Acemoglu & Simson Johnson(2023). *Power and progress: Our thousand-year struggle over technology and prosperity, Public Affairs.* 김승진 옮김(2023). 『권력과 진보: 기술과 번영을 둘러싼 천년의 쟁투』. 생각의힘.

OECD(2024). Defining AI Incidents and Related Terms, https://www.oecd.org/en/publications/defining-ai-incidents-and-related-terms_d1a8d965-en.html

04

인공지능 사고와 책임

인공지능이 사고를 일으키면 누가 책임을 부담해야 할까. 인공지능을 만든 사람일까, 인공지능을 이용한 사람일까, 그도 아니면 인공지능 스스로 책임을 져야 할까. 이 문제에 답하기 위해서는 책임법의 기본원리와 인공지능 발전 단계에 대한 종합적인 고려가 필요하다. 이와 더불어 인공지능 사고 피해자를 신속하고 적절하게 구제할 수 있는 현실적 방안도 함께 고민해야 한다.

AI와 사주?

인(人) 중심의 책임법제

우리 법제는 책임을 논할 때 '인(人, person)'을 전제로 한다. '인(人)'은 법상 권리 · 의무의 주체가 될 수 있는 존재를 의미하며, '자연인(自然人, natural person)'과 '법인(法人, legal person)'을 포함한다. 자연인은 생로병사를 겪는, 우리가 통상 '사람'이라고 생각하는 존재를 의미한다. 반면 법인은 기업이나 단체와 같이 일정한 법적 자격을 갖추어 등기함으로써 권리 · 의무의 주체로 인정받는 자를 의미한다. 인(人), 즉 자연인이나 법인 둘 중 하나에 해당해야 법률상 권리를 누릴 수 있고 의무와 책임도 부담할 수 있다. 동물이나 물건은 생명이나 지능의 유무, 가치의 정도와 관계없이 권리 · 의무의 주체가 될 수 없고 책임도 부담할 수 없다.

책임법제상 책임 주체는 당연히 인(人)이어야 한다. 가장 일반적이고 폭넓게 적용되는 책임법제인 민법 제750조는 '불법행위를 한 자'가 손해배상책임을 지도록 하고 있는데, 이때 '불법행위를 한 자'에 해당할 수 있는 것은 인(人), 즉 자연인과 법인이다. 동물이나 물건에 의해 손해가 발생하면 점유자나 소유자가 책임을 진다(민법 제758조, 제759조). 영리하고 잘 훈련된 동물이나 고가의 첨단 장비라 해도 그 동물이나 장비 스스로 책임을 질 수는 없다. 다른 책임법제들도 마찬가지다. 자배법은 자동차 사고로 사람이 죽거나 다친 경우 '자동차 운행자'가 손해를 배상하도록 하고 있다(자배법 제3조). 이때 '운행자'는 '자기를 위하여 자동차를 운행하는 자'를 의미하며, 통상 자동차의 소유자인 자연인이나 법인이 운행자가 된다. 제조물 사고에 대한 책임법제인 제조물책임법은 제조물에 결함이 있는 경우 '제조업자'가 책임을 부담하도록 하고 있는데(제조물책임법 제3조), 이때 제조업자는 제조물의 제조 · 가공 · 수입을 업으로 하는 자연인이나 법인을 의미한다. 원자로의 운행 등으로 원자력 사고가 발생한 경우에 원자력 사업자가 책임 주체가 되는데(원자력손해배상법 제3조) 원자력 사업자는 당연히 법인이다.

이처럼 책임법제는 책임 주체를 자연인이나 법인으로 한정하고 있다. 그렇다면 인공지능이 일으킨 사고는 누가 책임을 부담해야 할까.

인공지능의 특성과 사고 책임

인공지능은 권리 · 의무의 주체가 아니다. 우리 법제상 '물건'으로 분류된다. 따라서 인공지능 사고로 손해가 발생해도 물건 스스로 책임을 지도록 할 수는 없으며, 그 물건에 대해 제조, 활용, 소유 등의 형태로 이해관계를 가지는 자연인이나 법인이 책임을 부담해야 한다.

그런데 인공지능은 인간과 유사한 지능을 가지고 종전에 인간이 해 오던 작업을 수행하고, 인간의 통제로부터 일정 수준 이상의 자율성을 가지며, 일단 출시된 후 스스로 변화하고 발전하는 적응성도 있다. 이러한 특성들은 인공지능을 다른 물건이나 동물과는 구별되는, 좀 더 인간에 가까운 존재로 여겨지게 한다. 책임법제 측면에서도 다양한 이슈를 야기한다.

자율주행차의 경우를 예로 들어보자. 자율주행차는 자율주행시스템(Autonomous Driving System, ADS)이 인간 운전자 대신 운전을 담당하는 자동차다. 자율주행 수준에 따라 레벨 0부터 레벨 5까지 6단계로 구분되는데, 완전자율주행인 레벨 5단계에서는 탑승자가 목적지를 설정하고 자율주행 모드를 실행하면 목적지에 도착할 때까지 운전에 필요한 인지 · 판단 · 제어 업무는 자율주행시스템이 전적으로 담당한다. 자율주행시스템은 카메라와 센서를 이용해 주변 상황을 인지하고, 조향이나 가속 · 감속을 직접 실행하며, 경로 변경 여부를 결정하고, 교통법규 준수도 담당한다. 딥러닝으로 탑승자의 성향이나 이동 경로의 특성을 파악하여 그에 적합한 주행 스타일을 터득할 수도 있다.

이렇게 자율주행시스템이 활성화된 상태로 자동차를 운행하던 중에 교통사고가 발생했다면 누가 책임을 부담해야 할까. 일반적인 자동차 사고라면 제일 먼저 직접 운전대를 잡은 운전자의 책임이 문제될 것이다. 그러나 인공지능의 일종으로 자율성과 적응성을 가지는 자율주행시스템이 인간의 통제를 받지 않고 스스로 운전하던 중 사고가 발생한 경우 '운전자'라고 할 수 있는 사람이 존재하지 않는다. 사람이 운전했다면 당연히 사람이 책임을 져야 하는 상황인데, 사람이 아닌 인공지능이 운전했기 때문에 책임질 사람이 불분명해지는 것이다.

인공지능 사고의 책임 주체

인공지능 사고는 불가항력이나 신의 뜻이 아니다. 따라서 인공지능이 일으킨 사고도 누군가는 책임을 져야 한다. 문제는 누구에게 책임을 묻는 것이 합리적이고 공평한가 하는 점이다. 사고에 과실이 있는 자가 책임을 부담해야 한다는 과실책임 원칙에 따를 때 인공지능이 일으킨 사고는 누구에게 과실이 있을까.

다시 자율주행차의 경우를 생각해 보자. 자율주행차가 사고를 일으키면 누구에게 과실이 인정될까. 자율주행차는 자율주행시스템이 운전을 담당한다. 따라서 운전석에 앉아 있는 사람은 탑승자일 뿐 운전자는 아니다. 탑승자가 정해진 사용법에 따라 정상적으로 자율주행차를 이용했다면 탑승자에게 어떤 과실이 있다고 보기도 어렵다. 그렇다면 제조업자에게 과실이 있을까. 자율주행시스템이 완벽했다면 사고가 발생하지 않았을 것이므로 자율주행차가 사고를 일으켰다는 결과만으로 제조업자의 잘못이 인정된다고 볼 수도 있다. 그러나 실제 교통사고가 발생하는 다양한 상황을 생각해 보면 꼭 그렇게 볼 수만은 없다. 도로 위 낙하물이나 갑자기 뛰어든 보행자를 피하려다 다른 차를 충돌하는 경우처럼 숙련된 운전자라도 피하기 어려운 사고 상황이 얼마든지 있기 때문이다. 이런 경우 자율주행차를 제작한 제작사에 잘못이 있다고 보기는 어렵다. 제작사는 숙련된 운전자 수준으로 운전을 할 수 있는 시스템을 만들면 충분할 뿐 절대 사고를 일으키지 않는 시스템을 만들어야 할 의무를 부담하는 것은 아니기 때문이다.

인공지능이 일으킨 사고에 대해 아무에게도 책임을 물을 수 없게 된다면 정의 관념에 반할 뿐 아니라 사고 피해자를 사각지대에 방치하게 된다. 그렇다면 누구의 과실도 인정되기 어려운 인공지능 사고에 대한 책임은 누구에게 물어야 할까. 이에 대해서는 두 가지 방안이 가능하다. 실제 사고를 일으킨 인공지능 자체에 책임을 묻는 방안과 과실 여부와 관계없이 사고로 인한 피해를 가장 잘 회복할 수 있는 자에게 책임을 묻는 방안이다.

인공지능에 법인격을 부여할 것인가

인공지능 사고에 대해 아무에게도 과실이 인정되지 않고 그 결과 책임 소재가 불분명해지는 상황을 해결하려면 인공지능에 법인격을 부여해야 한다는 주장이 있다. '법인' 개념을 통해 기업이나 단체에 법인격을 부여하고 책임을 귀속시키는 것처럼, '전자인(電子人, Electronic Person, E-Person)' 개념을 도입하여 인공지능에 법인격을 부여함으로써 인공지능 스스로 사고에 대한 책임을 부담하도록 해야 한다는 것이다.

이러한 주장은 처음에는 다소 황당하게 들릴 수 있다. 그러나 기업에 부과된 책임이 최종적으로 기업의 경영자, 주주, 이해관계자들에게 귀속되는 것처럼, 인공지능에 부과된 책임도 그 인공지능의 운영자, 소유자, 이해관계자들에게 최종 귀속될 것이므로 이러한 법석 의제기 불가능한 것은 아니다. 국내 학계에서도 전자인 제도 도입 여부를 둘러싸고 찬반 논의가 진행되고 있다. 21대

국회에서는 전자인 제도를 도입하려는 법안이 제출되기도 하였다(전자인법안, 김웅 의원 대표 발의, 의안번호 2126687). 이 법안은 주식회사 등기제도와 유사한 전자인 등기제도를 마련하여 인공지능에 법인격을 부여하고, 전자인이 사고를 일으키면 책임도 그 전자인이 부담하도록 하되, 실제 책임의 이행은 전자인의 운영자가 담당하는 것을 내용으로 한다.

인공지능에 법인격을 부여하는 문제는 단순히 사고에 대한 책임을 귀속시키기 위한 것만은 아니다. 이는 좀 더 근본적으로 인공지능의 존재 자체를 어떻게 규정할 것인지의 문제다. 현재 단계에서 전자인 제도를 도입해야 한다고 보는 견해는 극소수인 것으로 보인다. 인공지능 관련 법제를 가장 선제적으로 마련하고 있는 EU도 법인격 부여에는 신중한 태도를 취하고 있다. EU AI 책임 지침 관련 논의 초기에는 인공지능에 법인격을 부여하는 방안이 검토되기도 하였으나(European Parliament, 2017), 이후 책임 귀속을 위해 인공지능에 법인격을 인정할 필요는 없다고 보는 것이 중론이 되었다(EG-NTF, 2019). 우리나라에서도 단순히 책임 귀속만을 위해 인공지능에 법인격을 부여할 필요는 없다고 보는 견해가 유력하며(정진명, 2024), 필요성이 없을 뿐 아니라 정당성도 인정되기 어렵다는 견해도 있다(김진아, 2022). 장기적 관점에서 인공지능에 법인격 부여가 필요하다고 보는 견해 역시 이것이 먼 미래의 일이라고 본다(김진우, 2021).

엄격책임 적용 가능성

인공지능 사고에 대해 누군가의 과실을 인정하기 어렵고 인공지능 스스로 책임을 지게 하는 것도 곤란하다면, 우리 책임법제가 기존에 채택하고 있는 엄격책임 법리를 적용하는 것을 생각해 볼 수 있다. 우리 책임법제는 위험성이 높은 분야에 대해서는 과실 여부와 관계없이 그 위험을 창출하거나 지배하거나 그 위험으로 이익을 얻는 자에게 책임을 귀속해 왔다. 동물이나 물건에 의한 사고의 경우 그 점유자와 소유자에게, 자동차 사고의 경우 운행자에게, 원자력 사고의 경우 원자력 사업자에게, 제조물 사고의 경우 결함 있는 제조물을 제조, 수입, 유통한 제조업자에게 이러한 책임이 부과된다. 이러한 엄격책임 법리에 따라 인공지능 사고에 대해서도 인공지능 운영자, 인공지능 사업자, 인공지능 제작사에 책임을 물을 수 있을 것이다. 인공지능 사고에 대한 별도의 엄격책임을 도입하는 것도 가능하다.

이와 관련하여, 인공지능 사고는 사유를 불문하고 제

조사가 전적으로 책임을 부담해야 한다는 견해도 있다. 인공지능 오류를 관리하고 통제할 수 있는 제조사가 책임도 부담하는 것이 타당하다는 것이다. 물론 인공지능의 결함으로 사고가 발생했다는 점이 입증된다면 제조사가 당연히 책임을 부담해야 한다. 그러나 인공지능의 결함이 사고 원인인지를 밝히는 것은 매우 어려운 일이다. 그렇다고 인공지능이 사고를 일으키면 결함이 있는 것으로 보고 무조건 제조사가 책임을 지도록 하는 것도 적절하다고 보기 어렵다. 인공지능 이용자의 부주의나 도덕적 해이를 유발할 우려가 있고, 인공지능 기술과 산업 발전을 저해할 수 있기 때문이다.

또 다른 방안으로 보유자 책임과 의무보험을 결합한 제도가 제안된다. 이는 현재 자동차 사고에 적용되는 시스템이다. 자동차 사고로 사람이 다치거나 사망한 경우 자동차 보유자가 자신의 과실 유무를 불문하고 책임을 부담하되, 실제로는 보유자가 가입한 보험회사가 피해를 보상하는 것이다. 사고 피해자는 보험으로 신속하게 피해를 보상받고, 보유자는 과도한 손해배상책임에서 벗어날 수 있다. 인공지능 사고도 인공지능 보유자에게 무과실 책임을 부과하되, 실제 보상은 보험회사가 하도록 할 수 있다. 이에 대해 인공지능 오작동을 예방하거나 막을 수 없는 보유자에게 무과실 책임을 부과하는 것은 부당하다는 반론이 제기될 수 있다. 그러나 일반적으로 물건이나 동물의 소유자는 자신이 그 물건이나 동물을 실제 컨트롤할 수 있었는지와 관계없이 소유자라는 지위만으로 무과실책임을 부담한다. 또한 인공지능 사고 책임의 이행이 보험 제도에 의해 뒷받침되는 이상 인공지능 보유자는 보험료 상당의 경제적 부담을 지는 데 그치므로 과도한 책임을 부담한다고 보기도 어렵다. 만약 인공지능 보유자에게 부과되는 무과실책임이 부담스럽다면 인공지능을 소유하지 않고 관련 서비스를 이용만 하는 것도 가능하다. 인공지능 제조사가 자사 제품의 안전성을 홍보하고자 인공지능 사고 시 피해를 자사에서 전적으로 부담하겠다는 취지의 보상 조건을 제시함으로써 계약을 통해 보유자의 책임을 일부 나누어서 질 수도 있다.

향후의 논의

인공지능 사고 책임 문제에 대해 사회적 합의에 이르기까지는 상당한 시간이 걸릴 것으로 보인다. 다만 책임법제를 마련할 때 반드시 고려해야 할 사항이 있다. 책임법제는 책임의 공평·타당한 귀속과 함께 피해자의 신속·적정한 구제에 기여해야 한다는 점이다. 인공지능 책임법제 역시 마찬가지다. 책임법제의 기본 원칙과 인공지능 발전 단계에 비추어 볼 때 인공지능 사고 책임을 누구에게 귀속시키는 것이 타당한지를 밝히는 것이 가장 중요하지만, 현실적으로 인공지능 사고 피해자를 신속하고 적정하게 구제하는 데 가장 적합한 방안이 무엇인지도 함께 고민해야 한다. 이러한 점에서 인공지능 사고에 대한 책임법제 논의는 보험 제도 논의로 이어지게 된다.

참고문헌

김진아(2022). 인공지능 오류사고 민사책임에 대한 입법론적 검토 ≪재산법연구≫, 39(2), 273~308.

김진우(2021). 인공지능 시스템의 책임능력 ≪중앙법학≫, 23(4), 7~51.

정진명(2024). 인공지능의 법인격에 관한 시론 ≪재산법연구≫, 40(4), 65~87.

European Parliament(2017). Resolution on Civil Law Rules on Robotics with recommendations to the Commission. https://eur-lex.europa.eu/legal-content/EN/TXT/?uri=CELEX%3A52017IP0051

European Union. Expert Group on Liability and New Technologies-New Technologies Formation(EG-NTF) (2019). Liability for Artificial Intelligence and Other

Emerging Digital Technologies.
https://www.europarl.europa.eu/meetdocs/2014_2019/plmrep/COMMITTEES/JURI/DV/2020/01-09/AI-report_EN.pdf

05
인공지능 책임보험

인공지능 사고 책임법제가 마련되어 책임소재가 명확해지더라도 그 책임 주체가 배상자력이 없으면 피해 보상은 불가능하다. 책임보험은 책임 주체의 무자력 위험을 담보하는 보험이다. 논리적으로는 책임법제의 내용이 먼저 정해지고 그에 따라 책임보험이 마련되어야 하지만, 현실적으로는 책임보험이 얼마나 잘 작동하는지에 따라 책임법제의 내용이 달라지기도 한다. 실질적 피해 구제 기능은 책임보험에 맡겨져 있기 때문이다.

AI와 아이돌?

책임보험의 역할

책임보험은 보험 가입자가 부담하는 손해배상책임을 보험회사가 대신 이행해 주는 보험이다. 예컨대 자동차종합보험 중 책임보험에 해당하는 대인 · 대물배상 담보는 자동차 사고로 차주가 피해자에게 부담하는 손해배상책임을 대신 이행해 준다. 그 밖에도 영업배상책임보험, 전문인배상책임보험, 임원배상책임보험, 생산물배상책임보험, 일상생활배상책임보험 등 다양한 책임보험이 활용되고 있다.

책임보험의 핵심 역할은 두 가지다. 첫째, 보험 가입자가 과도한 배상책임으로 인해 경제적 파탄에 이르는 것을 방지한다. 보험 가입자가 영업, 업무, 일상생활에서 뜻하지 않게 타인에게 피해를 준 경우 보험회사가 대신 그 손해를 배상함으로써 보험 가입자는 과도한 손해배상책임에서 벗어나 경제적 안정을 유지할 수 있다. 둘째, 가해자가 무자력(無資力)인 경우에도 피해 보상이 가능하여 피해자 구제에 기여한다. 가해자의 자력이 책임을 이행하기에 충분치 않더라도 가해자가 미리 책임보험에 가입하였다면 피해자는 보험으로 보상을 받을 수 있다. 피해자 보호가 특히 중요한 영역에서는 책임보험 가입을 의무화하기도 한다.

인공지능 사고에도 책임보험이 필요하다. 인공지능 책임보험으로 인공지능 개발자와 이용자는 과도한 배상 책임을 부담하게 될 위험에서 벗어나 좀 더 적극적으로 인공지능을 개발하고 활용할 수 있다. 또한 만에 하나 사고가 발생하더라도 피해자는 인공지능 책임보험으로 가해자의 자력 유무와 관계없이 피해를 보상받을 수 있다. 이처럼 인공지능 사고 책임보험은 인공지능 개발자, 이용자, 피해자에게 모두 도움을 줄 수 있다. 그런데 인공지능 책임보험의 구체적 모습은 어떠해야 할까.

인공지능 책임법제와 책임보험

책임보험은 책임법제에 따라 책임 주체가 부담하는 손해배상책임을 보험회사가 대신 이행하는 것이다. 따라서 책임보험 가입자는 책임법제상 책임 주체여야 한다. 책임보험 가입 조건과 보험금 지급 규모 역시 책임법제상 책임의 요건과 범위에 따라 정해진다. 이처럼 책임보험은 책임법제의 존재와 내용을 그 전제로 하므로, 책임보험이 마련되려면 책임법제가 먼저 확생되어야 한다. 인공지능 사고의 경우도 마찬가지다. 인공지능 사고에 대한 책임보험을 마련하려면 인공지능 사고 책임법제가 먼저 정립되어야 한다.

인공지능 사고 책임법제에 대해서는 전자인 제도를 도입하여 인공지능 자체에 책임을 부과하는 방안, 자동차 사고와 유사하게 인공지능 보유자에게 1차 책임을 부과하는 방안, 제조업자에게 제조물 책임을 부과하는 방안 등이 논의되고 있다. 전자인 제도가 도입되어 인공지능에 법인격이 부여된다면, 인공지능 스스로 자신이 부담하게 될 손해배상책임에 대해 책임보험에 가입해야 한다. 이 경우 책임보험은 기업들이 가입하는 영업배상책임보험과 유사한 형태가 될 것이다. 자동차 사고처럼 인공지능 보유자가 사고에 1차 책임을 부담하게 된다면 인공지능 보유자가 책임보험에 가입하게 될 것이다. 이때의 책임보험은 자동차 보유자가 가입하는 자동차 책임보험과 유사할 것이다. 인공지능을 제작한 제작사가 제조물 책임 형태로 책임을 부담하게 되면 그 책임보험은 생산물배상책임보험이 될 것이다.

이처럼 논리적으로 볼 때 책임보험은 책임법제를 전제로 하므로, 인공지능 책임법제를 먼저 확정하고 그에 따라 보험 제도를 마련해야 한다. 그러나 현실에서는 꼭 이러한 순서대로 제도가 마련되는 것은 아니다. 책임법제를 확정할 때 보험 제도가 뒷받침될 수 있는지를 고려하기도 하고, 보험 제도가 얼마나 잘 작동하는지에 따라 책임법제의 내용이 달라지기도 한다.

자동차보험의 경우를 살펴보자. 1930년대 이후 자동차가 대중화되면서 유럽 국가들을 중심으로 자동차 사고에 대한 보유자의 무과실책임과 자동차 의무보험 제도가 도입되었다. 무과실책임은 자동차 사고가 발생했을 때 누구의 잘못으로 사고가 났는지 밝혀지지 않더라도 일단 자동차 보유자가 피해를 보상하도록 하는 것이다. 자동차 대중화로 기하급수적으로 늘어나는 자동차 사고 피해자를 신속하게 구제해야 하는 상황에서 과실책임 원칙에 따라 누구에게 과실이 있는지를 먼저 밝힌 후에야 피해 보상이 된다면 당장 치료를 받아야 하는 피해자에게 너무 가혹하기 때문에 일단 보유자가 사고 책임을 부담하도록 한 것이다. 그러나 아무리 피해자 보호가 중요하다 해도 보유자가 무조건 책임을 지도록 하는 것은 지나치다. 보유자가 자동차라는 위험원의 운행으로 이익을 얻으면서 교통사고라는 위험을 창출한다는 점에서 책임 귀속이 법리적으로 정당화되지만, 그렇다고 하여 보유자가 교통사고를 100% 방지할 수 있거나 교통사고 책임이 100% 보유자에게 있는 것은 아니다. 그럼에도 보유자에게 이러한 무거운 부과를 할 수 있었던 것은 보유자가 부담하는 책임을 실제 이행하는 것은 보험회사이기 때문이다. 책임법제상 보유자는 자동차 사고에 대한 무과실책임을 부담하지만, 현실적으로는 자동차보험에 가입함으로써 보험료 상당의 경제적 부담만 지면 책임을 면할 수 있다. 만약 이러한 보험 제도가 뒷받침되지 않고 보유자가 자기 재산을 털어 직접 손해를 배상해야 한다면 보유자에게 무과실책임을 부과하는 책임법제는 유지되기 어려웠을 것이다.

책임보험이 책임법제를 뒷받침한다는 점은 이미 오래전부터 확인되어 왔다. 현대 영국의 가장 위대한 법률가 중 한 명으로 꼽히는 데닝 판사(Alfred Thompson Denning)는 네틀십 대 웨스턴 사건(Nettleship v. Weston, 1971)에서 "운전 연습생이 사고를 일으킨 경우 도덕적 관점에서 볼 때는 그에게 책임을 인정하기 어렵지만(아직 운전이 미숙한 운전 연습생이 일반 운전자에게 요구되는 수준의 주의의무를 이행할 것을 기대할 수는 없기 때문임-옮긴이), 법적으로는 책임이 있다. 그는 보험에 가입하였고 리스크를 부담하기로 하였기 때문이다"라고 판시하여 보험의 존재가 책임 성립에 영향을 미친다는 점을 확인하였다. 또한 모리스 대 포드 자동차사 판례(Morris v. Ford Motor Co. Ltd., 1973)에서는 "자동차 사고에 따른 손해는 보험회사가 부담할 것으로 기대된다. 법원은 이 점을 매일 확인하고 있다. 가해자가 아니라 보험회사가 책임을 부담한다는 점이 전제되지 않는다면, 그렇게 지속적으로 과실을 인정하거나 증가하는 규모의 손해액을 인정하지는 않았을 것이다"라고 판시하여 보험의 존재가 책임의 성립 여부 및 책임의 범위에 영향을 미친다는 점 또한 명확히 하였다(Bagshaw, 2010).

이처럼 책임법제와 책임보험은 논리적 측면에서는 전자가 후자의 선결 조건에 해당하지만, 현실적 측면에서는 책임보험의 존재가 책임법제의 내용에 영향을 미친다. 그렇다면 인공지능 사고 가장 잘 대응할 수 있는 책임보험 제도는 어떤 형태일까.

인공지능 책임보험

인공지능 책임보험은 인공지능 사고 책임법제에 부합해야 하고, 동시에 인공지능 사고 피해자를 신속하고 적절하게 구제할 수 있어야 한다. 책임법제와 책임보험이 공통으로 추구하는 목적은 위험으로부터 피해자를 신속하게 구제하고, 그 위험에 대한 책임을 공평타당하게 귀속시키는 것이다. 그렇다면 어떤 형태의 책임법제와 책임보험이 인공지능 사고 피해자를 잘 구제할 수 있을까. 앞서 본 책임법제와 연계하여 살펴보자.

먼저, 전자인 제도를 도입하여 인공지능 스스로 책임을 지도록 하고 보험도 인공지능 스스로 자신의 책임에 대비하여 가입하도록 하는 방안을 생각해 보자. 이러한 형태의 책임보험은 인공지능 사고 책임과 보험 문제를 가장 간명하게 해결하는 방법일 수 있다. 그러나 인공지능에 법인격을 부여할 것인지는 당장 결정할 수 있는 문제가 아니다. 따라서 이러한 모델은 현재 당면한 인공지능 사고 위험에 대비하는 수단으로는 적합하다고 보기 어렵다.

다음으로 인공지능 제작사의 제조물 책임과 이를 전제로 한 생산물배상책임보험으로 인공지능 사고피해자를 구제하는 방안을 보자. 전자인 제도와 달리 제조물 책임과 생산물배상책임보험은 현행 책임법제와 보험 제도에 이미 마련되어 있는 것이므로 근본적인 제도 변경이 없더라도 곧바로 적용이 가능하다. 한때 인공지능 소프트웨어가 제조물에 해당하는지에 대한 법리적 논의가 있었으나 현재는 소프트웨어에 대해서도 제조물 책임이 적용된다고 보는 것이 중론이다.

그런데 인공지능 제작사의 제조물 책임과 생산물배상책임보험만으로 인공지능 사고 피해를 구제하기는 어렵다. 제조물 책임은 제조물의 결함이 원인이 되어 사고가 발생했을 때 인정되는데, 통상 결함의 존재나 결함과 사고 사이의 인과관계를 입증하기가 매우 어렵기 때문이다. 더욱이 인공지능은 기술의 복잡성과 불투명성으로 다른 제조물보다 결함 여부나 인과관계를 입증하기가 더욱 어려울 것으로 예상된다. 이러한 입증 곤란에 대비하여 인공지능과 같은 디지털 신기술에 대해서는 결함이나 인과관계에 대한 입증책임을 완화하는 방안도 검토되고 있으나, 화학물질이나 의약품 등 인공지능 못지않게 결함과 사고 사이의 인과관계 증명이 곤란한 다른 분야들과 형평성이 문제될 수 있다. 요컨대 제조물 책임의 경우 피해자가 결함이나 인과관계를 입증하지 못하는 이상 생산물배상책임이 있더라도 피해 보상이 불가능하다.

그렇다면 자동차사고 책임법제 및 보험 제도처럼 인공지능 보유자에게 무과실책임을 인정하고 책임보험 제도로 이를 뒷받침하는 형태는 어떨까. 인공지능 보유자는 자신이 보유한 인공지능이 사고를 일으키면 그에 대해 무과실책임을 부담하되, 실제 그 책임의 이행은 보유자가 가입한 보험회사가 담당하는 것이다. 사고 피해자는 결함, 과실, 인과관계 등을 증명할 필요 없이 인공지능 사고로 피해를 입었다는 사실만 증명하면 보유자에게 손해배상을 청구할 수 있다. 실제 보상은 보험회사가 담당으로 하므로 보유자에게 과도한 부담이 되지도 않는다. 보유자가 이러한 위험이나 책임을 부담하는 것을 원하지 않는다면 인공지능을 직접 보유하는 대신 타인이 소유한 인공지능이 제공하는 서비스를 이용하면 된다.

인공지능은 앞으로 계속 발전하고 그 이용도 점점 더 확대될 것이며, 우리 사회가 어떠한 모습으로 변화할 것인지를 현재로서는 정확히 예측하기가 어렵다. 따라서 지금 단계에서 미래의 인공지능 보험 제도가 어떤 모습이어야 하는지를 단언하기는 어렵다. 전자인 제도가 도입되고 인공지능 스스로 자기 책임의 이행을 담보하는 보험에 가입하게 되는 날이 올 수도 있다. 다만, 현재 우리가 당면한 인공지능 사고 위험에 대해서는 자동차 사고 책임법제와 자동차보험 모델과 유사한 인공지능 보유자 책임과 인공지능 보험 제도를 적용해 보는 것이 어떨까. 기존에 이미 검증되고 잘 작동하고 있는 모델을 활용하여 당면한 위험에 대처하면서 향후 인공지능의 발전 단계에 따라 새로운 제도를 모색해 나가는 것이 인공지능 산업의 발전과 사회적 수용성을 함께 높이는 길일 것이다.

참고문헌

Bagshaw(2010). *Traffic Liability in England and Wales, the Development of Traffic Liability.* Cambridge Press.

06
인공지능 의무보험

인공지능은 범용 기술이다. 이미 광범위한 분야에서 인공지능이 활용되고 있고 그 범위는 더 확대될 것이다. 인공지능 활용 분야에 따라 그 사고의 형태도 다양할 것이다. 인공지능 사고에 대비하기 위해 의무보험 제도를 도입한다면, 사고 위험성과 책임 주체의 배상자력 등을 고려하여 꼭 필요한 영역에 우선 도입하는 것이 적절하다.

AI와 야구?

의무보험의 역할

보험계약도 계약의 일종이다. 계약 체결 여부와 계약의 내용은 원칙적으로 당사자의 자유로운 의사에 따라 결정된다. 암에 걸릴 경우에 대비하여 암보험에 가입할지, 주택화재보험에 가입할 때 누수 사고 배상책임 특약을 포함시킬지 등 보험계약에 관한 모든 사항은 계약자 스스로 결정해야 한다. 누구도 계약의 체결을 강제하거나 계약의 내용을 대신 정할 수는 없다. 이러한 '계약 자유의 원칙'은 근대 민법의 기본 원리 중 하나다.

의무보험은 중대한 공익적 필요가 인정되어 예외적으로 국가가 보험 가입을 강제하는 것이다. 이는 계약 자유 원칙에 대한 중대한 예외이며, 국민건강보험, 고용보험, 산재보험과 같은 사회보험은 의무보험으로 운영되고 있다. 민영보험 중에도 의무보험이 있다. 자동차 배상책임보험, 원자력 배상책임보험, 의료기기 배상책임보험, 특수건물 화재 배상책임보험, 가스 사고 배상책임보험, 청소년 수련 시설 배상책임보험 등이 의무보험이다. 가장 대표적인 의무보험은 자동차 책임보험이다. 과거 자동차가 소수 부유층의 전유물이었던 시절에는 사고가 발생했을 때 소유자의 배상자력이 문제될 가능성이 크지 않았다. 그러나 자동차 대중화 시대를 맞아 누구나 자동차를 보유하고 운행할 수 있게 되면서 자동차 사고 발생 시 가해자가 배상자력이 없는 경우가 빈번해졌다. 이에 모든 보유자가 자동차보험에 의무적으로 가입하도록 함으로써 가해자의 배상자력에 관계없이 보험으로 피해자를 구제하게 되었다. 원자력 배상책임보험도 의무보험이다. 원자력 사고의 경우 손해 규모가 너무 커서 사업자의 자력만으로 배상이 불가능하기 때문에 보험 가입을 의무화하였다. 인체이식형 의료기기 제조업자가 부담하는 제조물책임을 담보하는 생산물 배상책임보험도 의무보험이다. 인체이식형 의료기기에 결함이 존재하는 경우 해당 제품을 이식받은 모든 환자가 의료기기 교체 수술을 받아야 해서 개별 사업자가 감당하기에는 그 손해 규모가 매우 크기 때문이다.

이처럼 의무보험 제도는 잠재적 책임자의 배상자력에 비해 피해 규모가 커서 개별 경제주체가 스스로 그 피해 복구를 감당하기 어려운 경우에 인정된다. 그렇다면 인공지능 사고에도 의무보험 제도를 도입해야 할까.

인공지능 사고의 다양성

범용 기술인 인공지능은 전기나 인터넷처럼 거의 모든 분야에서 이용될 수 있다. 이미 교통, 통신, 의료, 금융,

교육, 문화, 레저 등 전 산업 분야에 걸쳐 인공지능이 활용되고 있다. 같은 분야에서도 활용되는 형태는 다양하다. 보험 산업의 경우 인공지능을 이용하여 보험상품을 판매할 수도 있고, 고객 민원에 응대할 수도 있으며, 보험계약 인수 심사를 할 수도 있고, 보험사기를 탐지할 수도 있으며, 보상 여부와 보상 범위를 결정할 수도 있다. 인공지능 활용 양상이 다양한 만큼 인공지능 사고도 다양한 형태로 발생할 수 있다.

인공지능 사고의 형태와 위험성은 인공지능 활용 분야와 목적에 따라 달라질 수 있다. 교통이나 의료같이 인간의 생명·신체에 직접적인 위해를 야기할 수 있는 분야에서 인공지능을 활용할 경우 사고의 위험성도 크다. 금융의 경우 교통이나 의료에 비해서는 인공지능 사고 위험이 상대적으로 낮지만, 고객을 평가하여 금융 서비스 제공 여부를 결정하는 데 인공지능이 쓰인다면 이야기가 달라진다. 한편 인공지능 활용으로 새롭게 위험이 창출되는 경우도 있다. 인공지능을 이용하여 고객의 생체 정보를 실시간으로 식별하거나, 인공지능이 고객의 신용 등급을 평가하는 경우 등이다.

인공지능 활용 분야별 위험성의 차이에 대해서는 EU AI법의 분류를 참고해 볼 필요가 있다. EU AI법은 위험성이 큰 인공지능 활용, 즉 '고위험 인공지능'을 크게 두 그룹으로 구분한다. 첫 번째 그룹은 기존에 위험성이 높다고 여겨지는 영역에서 인공지능을 활용하는 경우다. 기계, 장난감, 선박, 승강기, 폭발 관련 장비, 전파 장비, 압력 장비, 공중케이블, 개인 보호 장구, 가스 기구, 의료기기, 항공기, 자동차, 농기구, 철도 등이 이에 해당한다(AI Act Annex I). 이러한 분야에서 인공지능이 활용되면 그 자체로 고위험 인공지능으로 분류된다. 두 번째 그룹은 인공지능 이용으로 위험이 창출되는 분야다. 원격 생체 식별, 핵심 기반 시설 운영, 교육 및 직업훈련, 고용, 근로자 관리, 금융 분야에서 신용도 평가, 생명보험이나 건강보험에서 위험도 평가, 법 집행, 이민, 망명, 국경통제, 사법행정, 선거, 투표 등의 분야에서 인공지능을 활용하는 경우가 이에 해당한다(AI Act Annex III).

똑같이 고위험 인공지능에 해당해도 그 활용 분야에 따라 사고의 형태, 위험성의 정도 및 피해 보상 가능성은 천차만별이다. 자동차 운전에 인공지능이 활용되는 경우와 생명보험 위험도 평가에 인공지능이 활용되는 경우 둘 다 고위험 인공지능에 해당하지만 발생 가능한 사고의 형태는 전혀 다르다. 전자의 경우 인공지능 사고 발생 시 생명 · 신체 · 재산에 직접적인 피해가 발생할 수 있다. 이 경우 자동차 보유자가 이를 배상해야 하는데, 보유자가 개인이거나 영세 법인인 경우 배상자력이 충분치 않을 수 있다. 후자의 경우 인공지능의 오류나 편향으로 보험 가입자가 차별적 취급을 받을 수 있지만, 생명·신체에 직접적이고 돌이킬 수 없는 피해를 야기하는 것은 아니다. 보험회사의 경우 피해를 보상할 자력도 충분하다.

이처럼 인공지능 사고의 형태, 위험성의 정도, 피해보상 가능성이 제각각인 상황에서 모든 인공지능 활용 또는 모든 고위험 인공지능의 활용에 대해 일률적으로 보험 가입을 의무화하는 것은 바람직하지 않다. 의무보험 자체가 계약 자유의 원칙에 대한 중대한 예외이기도 하고, 특정 산업 분야에 보험 가입 의무를 부과하는 것은 상당한 규제 준수 비용을 야기한다. 계약의 자유를 보장하고 규제는 꼭 필요한 경우에만 해야 한다. 따라서 사고 및 책임 주체의 특성을 고려하여 피해자 구제 필요성이나 가해자의 무자력 위험이 큰 경우 의무보험 제도를 인정하는 것이 합리적이다. 이와 관련하여 인공지능 의무보험은 위험이 현실화된 경우 배상의무자의 경제적 파산이 우려되는지를 기준으로 도입 여부를 결정해야 한다고 하는 의견도 있다(Faure & Li, 2022). 의무보험 도입 여부를 결정할 때 배상의무자의 자력 외에도 다른 고려 사항들이 있겠으나, 의무보험의 대상을 제한적으로 정해야 한다는 점에서는 타당한 의견이라고 생각된다.

인공지능 의무보험 제도 운영 방안

그렇다면 인공지능 사고 피해자를 적절히 구제하려면 어느 범위까지 의무보험이 필요할까. 사실 이 문제는 인공지능 활용 영역별로 개별적인 검토가 필요하여 일률적으로 말하기는 어렵다. 다만 과도기인 현재 단계에서는 새로운 의무보험 제도를 도입하는 것은 가능한 한 신중할 필요가 있고, 기존의 의무보험 제도를 확대 적용하는 방안에 대한 검토가 우선되어야 할 것이다.

EU AI법에서 고위험 인공지능으로 분류한 두 가지 영역 중 첫 번째 영역(Annex I)에 해당하는 자동차, 항공기, 선박, 승강기, 기계, 의료 등의 분야에서는 이미 대부분 의무보험 제도가 운영되고 있다. 따라서 이러한 분야에서 발생한 인공지능 사고에는 기존의 의무보험을 확대 적용하는 방안을 고려해 볼 수 있다. 예컨대 현재 의무보험인 자동차 배상책임보험에서 인공지능 사고의 일종인 자율주행차 사고도 보상하도록 하는 것이다. 의료기기의 경우 현재 의료기기법상 위험성이 높은 의료기기에는 배상책임보험 가입이 의무화되어 있는데 인공지능 의료기기에도 이러한 의무보험이 확대 적용되도록 하면 인공지능 의료기기 사고에 대비할 수 있을 것이다(황현아, 2024).

기존의 의무보험으로 대응하기 어려운 경우도 있다. 실외 이동 로봇 같은 경우가 그러하다. 실외 이동 로봇은 공공장소를 통행하는 과정에서 보행자 등 다른 교통참여자들과 충돌할 수 있다는 점에서 자동차와 유사한 특성이 있지만, 현행 법제상 자동차에는 포함되지 않고 사고 시 위험의 크기도 다르다. 이러한 새로운 형태의 장치나 위험에 적합한 의무보험을 마련하는 것도 필요할 것이다. 우리나라는 2023년 관련 법령을 개정하여 실외 이동 로봇 운영자의 보험가입을 의무화하였다.

향후 인공지능 의무보험에 대해서는 영역별로 지속적인 검토가 필요할 것으로 생각된다.

참고문헌

황현아(2024). 인공지능 규제법, 책임법, 그리고 보험, ≪규제법제리뷰≫, 24-3, 한국법제연구원, 121~157.

Faure & Li(2022). Artificial intelligence and (compulsory) insurance. *JETL* 13(1), 1~24.

07
자율주행차 보험

자율주행차 사고가 나면 누가 책임을 져야 할까. 또 보험에는 누가 가입해야 할까. 이 문제에 대해 다양한 논의가 있었으나, 우리나라와 주요국에서는 현행 자동차 사고 책임법제와 보험 제도가 자율주행차 사고에도 동일하게 적용될 수 있고, 이와 같이 적용하는 것이 합리적이라고 보고 있다. 현행 제도가 '운전자'가 아닌 '보유자' 중심으로 마련되어 있기 때문이다.

AI와 윤동주?

자율주행차 사고에 대한 책임 논의

자율주행차는 자율주행시스템(Autonomous Driving System, ADS)이 운전을 담당하는 자동차다. 자율주행 단계는 레벨 0부터 레벨 5까지 총 6단계로 구분된다. 레벨 2까지는 운전자가 직접 운전하고 시스템은 운전자를 도와주는 역할만 한다. 이러한 단계는 자율주행이라고 하지 않고 '운전자 지원 기능(Advanced Driver Assistance Systems, ADAS)'이라 한다. 레벨 3은 자율주행시스템이 전방 주시, 차량 제어 등 운전 업무를 담당하지만 운전자가 여전히 운전에 주의를 기울여야 해서 '부분 자율주행'이라고 한다. 레벨 4와 레벨 5는 운전자가 더는 운전에 주의를 기울일 필요가 없고 무인 자율주행도 가능한 단계다. 레벨 4는 일정 조건하에서 완전 자율주행이 가능하여 조건부 완전 자율주행이라 한다. 레벨 5는 아무런 제한 없이 완전 자율주행이 가능하다. 레벨 3 이상의 자율주행시스템은 운전자의 구체적 지시 없이 자율주행시스템이 자율성과 적응성을 가지고 주변 교통 환경과 교통법규 등 입력 정보에 기초하여 일정한 판단을 내리고 차량 제어라는 출력물을 제공한다는 점에서 인공지능의 일종이다.

자율주행시스템이 운전하는 자동차가 교통사고를 일

으키면 누가 책임을 부담해야 할까. 이 문제에 대해서는 우리나라는 물론 영국, 독일, 일본, 미국 등 주요국에서 이미 10여 년 전부터 논의가 진행되어 왔다(황현아 · 손민숙, 2023). 논의 초기에는 '자율주행차가 사고를 일으키면 자동차 제작사가 전적으로 책임을 부담해야 한다'는 주장이 제기되었다. 이는 인공지능 책임 문제에 관해 제조사에 무과실책임을 부과해야 한다는 주장과 같은 논리에 입각한 것이다. 자율주행시스템을 제작하고 이에 대한 통제 권한을 갖는 제작사가 사고에 대한 책임도 부담해야 한다는 논리다. 영국 교통부(Department for Transportation, Dft)가 자율주행차법(Autonomous and Electronic Vehicle Act, AEV Act) 제정 전 실시했던 전문가 의견 조회, 일본 국토교통성 주도로 운영되었던 자동운전 손해배상책임 연구회 검토보고서 등 주요국의 초기 논의에서는 이러한 주장이 유력하게 검토되었다. 반면 자율주행차도 자동차의 일종이고, 자동차 사고에 대해서는 자동차 보유자가 1차 책임을 부담하는 것이 원칙이므로, 자율주행자에 대해서도 보유자가 책임을 부담해야 한다는 견해도 있었다. 자율주행차 제작사에 전적으로 책임을 부담시키는 경우 자율주행 산업 발전을 저해할 수 있고, 그렇다고 보유자에게 책임을 부담하게 하는 것도 지나친 면이 있으니 공동으로 책임을 부담하는 것이 적절하다는 의견도 제기되었다.

인간이 아닌 자율주행시스템이 운전하는 자동차가 사고를 일으켰을 때 누가 책임을 부담하는 것이 공평 타당하고 피해자 구제에도 적합할까. 이 질문은 인공지능 사고에 대한 책임 문제에 제기되는 질문과 동일하다. 기존에 인간이 담당하던 업무에 인간 대신 인공지능이 투입되고, 그 인공지능이 자율성과 적응성을 가지고 그 임무를 수행하던 중에 사고를 일으킨 경우, 누가 책임을 부담해야 하는가. 인공지능 스스로 책임을 져야 하나, 만든 사람이 책임을 져야 하나, 아니면 인공지능을 이용한 사람이 책임을 져야 하나.

그런데 다른 인공지능 사고와는 달리 자율주행차 사고는 인공지능이 장착되지 않은 일반 자동차 사고에 적용되던 기존의 제도를 그대로 적용하는 것이 가능하다. 기존에 자동차 사고에 적용되는 책임법제는 '운전'이라는 행위에 근거하여 책임을 인정하는 것과 별개로 자동차 '운행'에 대한 지배와 이익에 근거하여 책임을 인정해 왔고, 자동차보험도 이러한 '운행자'의 책임을 중심으로 운영되어 왔기 때문이다. 자동차 사고가 발생하면 '운행자', 즉 보유자의 책임을 전제로 보유자가 가입한 보험에서 사고 보상이 이루어진다. 사고 당시 누가 운전했는지는 상대적으로 덜 중요하다. 보유자가 직접 운전한 경우는 물론이고, 보유의 지인이나 운전기사가 운전하다가 사고를 낸 경우에도 보유자의 책임이 인정되고 보유자의 보험에서 피해가 보상된다. 보유자의 책임이 인정되지 않는 경우는 차를 도난당한 경우뿐이다. 도난당한 차에 대해서는 보유자의 지배나 이익이 더는 인정되지 않기 때문이다. 이러한 자동차 사고 책임법제의 특성상 사람이 아닌 자율주행시스템이 운전하다가 사고가 난 경우에도 자동차 보유자의 책임이 인정되고, 보유자의 보험에서 피해 보상이 이루어진다.

여기에 대해 '보유자는 자율주행시스템을 전혀 통제할 수 없는데 보유자가 모든 책임을 부담하는 것은 부당하다'는 반론이 제기될 수 있다. 그러나 인공지능이 운전하였다는 이유로 보유자의 책임을 면제하는 것은 자율주행차 보유자에게만 특혜를 주는 것이어서 오히려 부당하다. 자동차 보유자가 운전기사를 고용하여 운전하게 하는 경우와 비교해 보면 이러한 점은 더 명확해진다. 자동차 보유자는 자신이 고용한 운전기사가 사고를 낸 경우에도 책임을 부담한다. 사고 당시 보유자가 탑승하고 있었는지, 운전기사가 보유자의 지시나 교통법규를 따랐는지에 따라 책임이 달라지지 않는다. 자연인인 운전기사가 운전하다가 사고를 낸 경우와 자율주행시스템을 이용하다가 사고가 난 경우 자동차 보유자의 책임을 달리 봐야 할 이유는 없을 것이다. 물론 자율주행시스템 오류나 오작동이 사고 원인인 경우 보유자는 제작사에 손해배상을 청구할 수 있으나, 이는 보유자와 제작사의 관계에서 문제되는 것일 뿐, 보유자는 시스템 오류를 이유로 사고 피해자에 대한 책임을 면할 수는 없다. 고가의 자율주행시스템이 탑재된 자동차가 사고를 일으켰을 때, 자율주행차 뒷자리에서 내린 차주가 피해자에게 "이 차는 자율주행차라서 저는 사고에 책임이 없으니 자동차 제작사에 손해배상을 청구하세요"라고 말할 수는 없는 것이다.

자율주행차 책임법제와 보험 제도에 관한 논의는 기존 제도를 자율주행차 사고에도 동일하게 적용하는 것으로 결론을 짓고 일단락되었다. 관련 법령도 개정되었다. 2020년 4월 개정된 우리나라 자배법은 자율주행차 및 자율주행차 사고의 정의 조항을 신설하고(제2조), 자율주행차 결함으로 발생한 사고의 경우에도 자동차보험에서 피해자에게 보험금을 지급하되, 보험회사가 법률상 책임이 있는 자에게 해당 보험금 상당액을 구상할 수 있다는 점을 명시하였다(제29조의2). 독일의 도로교통법, 영국의 AEV Act, 일본의 자동차손해배상보장법 등 주요국 법제도 이와 유사한 형태로 마련되었다. 물론 자율주행 발전 단계에 따라 제도가 변경될 가능성은 열려 있으며, 인공지능 및 자율주행차 기술 발전 상황을 지켜보며 논의를 계속해 나가야 할 것이다.

자율주행차는 어떤 보험에 가입해야 할까

우리나라에서는 2016년부터 자율주행차 임시 운행 허가제가 시행되어 현재까지 437대의 자율주행차가 운행 허가를 받았다. 곧 무인자율주행차도 운행을 시작할 예정이다(국토교통부, 2024). 모든 자동차는 보험에 가입해야 하므로 임시 운행하는 자율주행차도 당연히 보험에 가입해야 한다. 그렇다면 자율주행차는 어떤 보험에 가입해야 할까.

기본적으로 자율주행차 보유자도 일반 자동차 보유자가 가입하는 것과 동일한 자동차보험에 가입해야 한다. 따라서 자율주행차 보유자는 의무보험인 대인배상 및 대물배상 보험에는 반드시 가입해야 하고, 자차 및 자손까지 보장되는 자동차 종합보험에 가입할 수도 있다. 다만 혹시라도 자율주행차의 특수성으로 인한 보상 공백이 발생할 경우에 대비하여 자율주행차를 위한 특별약관이 마련되었다. 자율주행차 특별약관은 '자율주행 모드로 운행 중 자율주행시스템이나 지능형 교통 체계(Intelligent Transport Systems, ITS)의 결함으로 자동차가 오작동하거나 해킹으로 발생한 사고, 그 밖에 자율주행 모드로 운행하던 중 발생한 사고로 피보험자(차주)의 책임이 인정되지 않는 사고 등도 자동차보험에서 보상한다'고 정하고 있다. 오작동이나 해킹 사고에 대해 보험회사에서 보상을 실시한 경우 피보험자인 차주가 자동차 제작사나 해커에게 갖는 손해배상청구권은 보험사에 귀속된다(S사 자율주행차 위험 담보 특별약관).

이처럼 현재 우리나라에서 도로 위를 달리는 자율주행차에 대해서는 일반 자동차와 똑같이 자동차보험으로 보상이 가능하고, 자율주행시스템 오작동은 물론 해킹 사고도 보상 대상에 포함된다. '우리나라는 자율주행차 사고에 대한 책임 문제나 보험 문제가 불분명하여 자율주행차가 도입되지 못하고 있다'는 취지의 문제 제기를 종종 접하는데, 적어도 현재 단계에서는 그렇지 않다.

향후 과제

현재까지 자율주행과 관련된 이슈들은 자동차의 범주에

서 논의되고 있다. 자율주행차 제작 기준, 운행 기준, 책임 기준 모두 자동차에 관한 개별법 차원에서 마련되고 있다. 그러나 앞으로는 자율주행차도 인공지능의 영역으로 통합되어 논의될 것이다. 자율주행차는 종전에 인간이 하던 운전이라는 행위를 인공지능이 대신 수행한다는 점에서 인공지능이 활용되는 다양한 영역 중 하나이기 때문이다. 인공지능 관련 법제는 자율주행차 관련 법제의 일반법이자 상위법이다. 따라서 향후 자율주행차 책임법제와 보험 제도는 인공지능 책임법제와 보험 제도의 기본 원칙을 수용하되 자동차와 교통 분야의 특성을 반영할 수 있는 형식과 내용으로 마련될 필요가 있다.

자율주행차는 이제 막 도입되기 시작하였고 아직 본격적인 확산 단계에는 이르지 못하고 있다. 향후 상당한 기간 도로에는 자율주행차와 일반 자동차가 공존하게 될 것이다. 이런 상황에서는 자율주행차 산업의 발전이나 자율주행차의 특수성에 대한 고려 못지않게 자율주행차 사고와 일반 자동차 사고의 절차 및 책임의 일관성과 형평성도 중요하다. 사고 피해자 입장에서 볼 때 가해차량이 자율주행차인지 일반 자동차인지에 따라 피해구제 절차나 보상 범위가 달라져서는 안 될 것이다. 자동차 보유자 입장에서도 내 차가 자율주행차인지 아닌지에 따라 피해자에 대한 책임 인정 여부나 책임의 범위가 달라져서는 안 될 것이다. 자율주행차에 대해 과도한 규제나 책임을 부과해서는 안 되겠지만, 자율주행차라고 하여 특혜를 줄 필요도 없다.

완전자율주행 시대가 도래하여 자율주행차 비중이 절대다수가 되면, 그리하여 사람이 직접 운전을 한다는 것이 마치 21세기에 마차를 운행하는 것만큼이나 어색해지는 상황이 되면, 그때에는 전혀 새로운 책임법제와 보험 제도가 필요하게 될 수도 있을 것이다. 그때는 인공지능에 법인격이 부여되어 자율주행차 사고에 대해 인공지능인 자율주행시스템이 스스로 책임을 지거나, 자동차보험의 피보험자로 인공지능이 추가되는 상황도 발생할 수 있다. 앞으로 인공지능과 자율주행차 기술 및 산업 발전 상황을 고려하여 지속적인 검토가 필요하다.

참고문헌

국토교통부(2024). 무인자율주행차, 우리나라에서도 달린다. https://www.molit.go.kr/USR/NEWS/m_71/dtl.jsp?lcmspage=1&id=95089848

황현아 · 손민숙(2023). 『자율주행차사고 책임법제 및 보험제도: 레벨4 주요국 제도 비교를 중심으로』. 보험연구원.

08
실외 이동 로봇과 보험

실외 이동 로봇은 공공장소를 통행하며 불특정 다수의 교통참여자들과 접촉하기 때문에 오작동 시 일반 대중에게 피해를 야기할 수 있다. 이러한 점에서 실외 이동 로봇은 자율주행차와 유사하고 공장에서 사용되는 지능형 로봇과는 구별된다. 같은 지능형 로봇이라도 활용 방식에 따라 위험성이 달라지는 것이다. 실외 이동 로봇에 대해서는 이미 보험 가입이 의무화되어 있다.

AI와 한의학?

인공지능 로봇의 활용

인공지능이 탑재된 로봇이 점차 진화하고 있다. 과거의 로봇이 인간이 미리 설정한 규칙에 따라 일정한 출력물을 제공하는 기계장치였다면, 인공지능 로봇은 외부 환경을 스스로 인식하고 상황을 판단하여 자율적으로 작동한다는 점에서 큰 차이가 있다. 활용 분야도 다양하다. 공장에서 이용되는 산업용 로봇, 식당의 서빙 로봇, 물류 서비스에 이용되는 택배 및 배달 로봇, 의료 분야에서 이용되는 수술 로봇 등 다양한 분야에서 인공지능 로봇이 인간의 일손을 덜어 주고 있다. 아직 인공지능 로봇이 인간을 완전히 대체하는 수준에 이르렀다고 보기는 어렵지만, 인간의 역할을 상당 부분 보조함으로써 작업 수행 방식에 변화를 가져오고 있다.

엔비디아의 CEO 젠슨 황은 2024년 11월 일본에서 개최된 AI 서밋 행사에서 "AI 혁신은 디지털(Digital)에서 피지컬(Physical)로 확산될 것"이라고 전망하며, 다양한 역할을 수행할 수 있는 인공지능 로봇을 '피지컬 AI'라고 하였다(연합뉴스, 2024). 문자나 단어를 이해하는 대규모 언어 모델(LLM)이 1차원 모델이고, 이미지와 비디오를 생성하는 모델이 2차원 모델이라면, 물리적 상황을 이해하고 결과물을 내는 피지컬 AI는 3차원 모델에 해당한다. 챗GPT를 개발한 오픈AI는 걸어 다니는 챗GPT 개발을 위해 로봇 소프트웨어 스타트업에 투자한 데 이어 자체 로봇 개발 조직도 마련하였다(조선일보, 2024). 과거 제조나 물류 분야에서 단순 작업을 담당하던 로봇이 이제 인공지능과 결합하여 지능과 신체를 갖춘 존재로 거듭나고 있다.

우리나라에서는 인공지능 로봇을 '지능형 로봇'이라고 한다. 2008년 지능형 로봇 개발 및 보급 촉진법(이하 "지능형로봇법")이 제정되어 인공지능 로봇 개발과 활용에 필요한 제도적 기반이 마련되었다. 제정 당시에는 주로 관련 산업 육성을 위한 정부의 지원 방안이 주된 내용이었으나 이후 여러 차례 개정되며 보다 구체적인 제도들을 담게 되었다.

실외 이동 로봇 관련 법제

2023년 지능형로봇법 개정 시 '실외 이동 로봇' 관련 규정이 도입되었다. 개정법은 실외 이동 로봇을 '배송 등을 위하여 자율주행(원격제어 포함)으로 운행할 수 있는 지능형 로봇'이라고 정의하고(지능형로봇법 제2조), 실외 이동 로봇이 보도를 통행하기 위해서는 산업통상자원부 장관의 '운행안전인증'을 받도록 하였다(지능형로봇법

제40조의2). 또한 운행안전인증을 받은 실외 이동 로봇 운영자에게 보도 등에서의 운행으로 발생할 수 있는 인적 · 물적 손해를 배상하는 보험에 의무적으로 가입하도록 하였다(지능형로봇법 제40조의4).

지능형로봇법 개정과 함께 도로교통법에도 실외 이동 로봇 관련 규정이 신설되었다. 개정 도로교통법은 실외 이동 로봇을 '보행자'에 포함시켰다(도로교통법 제2조 제10호). 본래 도로교통법상 '보행자'에는 사람만 포함되고, 그 밖의 이동수단은 보행자에 대비되는 개념인 '차'로 분류되었다. 그런데 실외 이동 로봇은 다른 이동수단과 달리 '사람'처럼 '보행자'로 분류되어 보행자와 같은 방식으로 통행하게 되었다. 보도와 차도가 구분된 곳에서는 보도로 통행하고 횡단보도를 건널 때는 보행 신호에 따라 건너는 등 도로교통법상 보행자에게 적용되는 규칙들을 지켜야 하는 것이다. 또한 도로교통법에서도 운행안전인증을 받은 로봇만 도로교통법에 따라 통행할 수 있다는 점을 명시하였다(도로교통법 제2조 제21의3호). 실외 이동 로봇 운용자는 실외 이동 로봇 장치를 정확히 조작해야 하고, 다른 차량이나 사람에게 위험이나 장해를 주어서는 안 된다(도로교통법 제8조의2). 실외 이동 로봇이 도로교통법상 규칙을 위반한 경우에는 그 운용자에게 벌칙이 부과된다(도로교통법 제157조).

이처럼 우리 법은 실외 이동 로봇의 안전기준, 통행 기준, 사고 시 보상 기준에 대해 상당히 완비된 법제를 마련하였다. 그런데 다양한 지능형 로봇 중 왜 '실외 이동 로봇'에 대해서만 이러한 규정이 도입되었을까. 지능형 로봇은 이미 다양한 분야에서 활용되고 있고, 금융이나 의료 분야에서 활용되는 로봇의 경우 그 위험성이 실외 이동 로봇 못지않은데, 로보어드바이저나 수술 로봇의 활용에 대해서는 보험 가입을 의무화하지 않으면서 왜 실외 이동 로봇만 보험 가입을 의무화한 것일까.

실외 이동 로봇의 특성

실외 이동 로봇이라는 용어 자체에서 그 이유를 알 수 있다. 실외이동'로봇'은 지능형 로봇의 일종으로 '지능(Artificial Intelligence)'과 '물리적 실체(physical)'를 동시에 지닌 '피지컬 AI'에 속한다. 따라서 물리적 실체 없이 지능만 지닌 '디지털 AI'인 인공지능 시스템과는 구별된다. 또한 '실외이동'로봇은 말 그대로 '실외'에서 '이동'하는 것이 주목적이다. '이동성(mobility)'이 있다는 점 그리고 이동하는 장소가 '실외'라는 점이 특징이다. 공공장소를 돌아다닐 것이 예정되어 있다는 점에서 특정 위치에 고정되어 있거나 제한된 구역에서만 이동하는 로봇과는 구별된다. 요약하면, '지능'과 '물리적 실체'를 가지고 '공공장소'에서 '이동성'을 구현한다는 점이 실외 이동 로봇의 특징이자 본질이다.

기존에 지능과 물리적 실체를 가지고 공공장소에서 이동성을 구현하는 존재는 사람뿐이었다. 자전거, 기차, 자동차 같은 이동수단들은 물리적 실체를 가지고 공공장소에서 이동성을 구현하지만 '지능'이 있는 존재는 아니며, 인간의 인지, 판단, 제어에 따라 이동성을 구현하는 도구에 불과하다. 동물의 경우 약간의 지능이 있지만 독자적으로 이동성을 구현한다고 보기는 어렵다. 반면 실외 이동 로봇은 인간이 아니면서 인간과 마찬가지로 지능과 형체를 가지고 공공장소에서 이동성을 구현하는 존재다. 원격 조종으로 움직이는 로봇의 경우 독자적으로 이동성을 구현한다고 보기 어려울 수 있으나, 자율주행의 경우에는 인간의 통제로부터 자율성을 가지고 독자적으로 이동한다.

실외 이동 로봇 외에도 공장이나 물류센터에서 이용되는 물류 로봇이나 가정에서 사용하는 로봇 청소기도 이동성이 있는 지능형 로봇이다. 그러나 이들은 공공장소를 돌아다니지는 않는다는 점에서 실외 이동 로봇과는 위험성에 차이가 있다. 공장이나 가정 내에서 활용되는 로봇의 경우 오작동으로 사고가 일어나더라도 그 피해는 로봇 이용자가 설정한 구역 내에서 발생한다. 로봇 이용자는 로봇의 효용과 위험을 비교 형량하여 자신의 통제하에 있는 영역 내에서 로봇을 활용할지를 결정할 수 있다. 로봇 활용의 효용을 누리는 대신 위험을 감수하기로 선택한 경우 만약 위험이 현실화되어 손실이 발생하면 스스로 해결하거나 원인에 따라 제작사에 책임을 물을 수 있다. 반면 실외 이동 로봇은 로봇 이용자가 설정한 구역에서 벗어나 공공장소를 통행하는 과정에서 불특정 다수의 교통참여자와 마주치게 된다. 길을 건너다가 자동차와 충돌할 수도 있고, 보도를 통행하다가 보행자를 칠 수도 있다. 이때 사고 상대방인 차량 운전자나 보행자는 실외 이동 로봇으로 직접적인 효용을 얻지도 못하고 그 로봇이 야기하는 위험을 감수하기로 선택한 적도 없음에도 실외 이동 로봇이 야기하는 위험에 노출되는 것을 피할 수 없게 된다. 이처럼 실외 이동 로봇은 그 로봇의 운행으로 이익을 얻지도 못하고 그 운행에 어떠한 통제권도 가지지 않는 불특정 다수에게 피해를 줄 수 있다. 바로 이러한 이유에서 실외이동 로봇에 대해서는 좀 더 특별한 규제가 필요하다.

실외 이동 로봇 책임보험

실외 이동 로봇 이용자는 공공장소 통행 중 발생한 사고 피해를 보상하는 책임보험에 의무적으로 가입해야 한다(지능형로봇법 제40조의4). 의무보험의 보장 한도는 사망 1억5000만 원, 상해 3000만 원으로 정해져 있다. 이는 자동차보험을 비롯한 대부분 의무보험에서 채택하고 있는 기준에 따른 것이다. 한국로봇산업협회는 책임보험 제도를 효과적으로 운영하기 위해 손해보험회사들과 제휴해 실외 이동 로봇 운영자들을 위한 공제사업을 실시하고 있다(황현아, 2024).

실외 이동 로봇 의무보험은 자율주행차 보험에 이어 인공지능 관련 두 번째 의무보험이다. 모빌리티 분야에서 먼저 의무보험이 도입된 것은 인공지능 모빌리티의 특성, 즉 지능과 물리적 실체를 가지고 공공장소에서 이동성을 구현함으로써 오작동 시 불특정 다수에게 피해를 줄 수 있다는 점 때문이다.

다만 실외 이동 로봇 보험은 자율주행차 보험과는 책임법제 측면에서 차이가 있다. 자율주행차 보험의 경우 자동차 사고에 적용되는 무과실책임에 기반하여 보험 제도가 운영된다. 반면 실외 이동 로봇에 대해서는 무과실책임을 인정하는 특별법이 마련되어 있지 않다. 따라서 실외 이동 로봇이 사고를 내면 일반 책임법제에 따라 보험 가입자인 로봇 이용자에게 책임이 있는지를 밝히고, 이용자가 책임이 있다고 판단될 때 비로소 보험으로 보상이 이루어진다. 로봇 이용자는 제조물 책임, 불법행위 책임 등의 법리에 따라 책임을 부담하게 될 수 있다. 개정 도로교통법은 실외 이동 로봇 운영자에게 실외 이동 로봇의 운용 장치를 정확히 조작할 의무와 다른 차나 사람에게 위험과 장해를 주지 않을 의무를 부과하고 있으므로 만약 실외 이동 로봇 운행 과정에서 이러한 의무 위반이 인정된다면 운영자에게 책임이 인정될 것이다.

실외 이동 로봇 책임보험 의무화는 자율주행차 보험과 함께 향후 인공지능 관련 보험 제도를 구상하고 적용하는 데 일종의 기준점 역할을 할 것으로 보인다.

참고문헌

경수현 · 박성진(2024.11.13). 젠슨황 "AI는 새 산업혁명 시작… 인간형 로봇도 진척 예상". 연합뉴스. https://www.yna.co.kr/view/AKR20241113102052073

오로라(2024.12.27). 걸어다니는 '챗GPT' 나온다… AI경쟁 이젠 로봇으로. 조선일보.

https://www.chosun.com/economy/tech_it/2024/12/27/6WLLOCV4YFANLPQIMAQYQGICJU/

황현아(2024). 인공지능 시대 보험의 역할과 과제 ≪보험법리뷰≫, 27, 보험연구원.

09
의료 인공지능과 보험

의료 인공지능이 오작동을 일으키면 환자에게 돌이킬 수 없는 결과가 발생할 수 있다. 따라서 의료 인공지능은 의료인의 감독과 책임하에 활용되어야 한다. 의료 인공지능을 활용하는 경우에도 의료 행위의 주체는 자연인인 의료인이며, 인공지능을 활용하였다는 이유로 의료인의 책임이 감면되지 않는다. 의료 인공지능에 관한 보험 제도는 이러한 전제에서 마련되어야 한다.

AI와 화장품?

의료 분야 인공지능 활용의 특징

인공지능은 질병의 진단, 예방, 치료 등 의료 전반에서 활용되고 있다. 인공지능 시스템은 영상 자료, 학술 논문 등 방대한 양의 의료 데이터를 분석함으로써 진단의 정확성을 높이는 데 기여하고 있다. 또한 환자 모니터링, 환자 정보 분석으로 개인형 맞춤 치료를 권고하거나 치료 효과나 예후를 예측하는 데 도움을 주는 등 처치의 효과성을 높이는 데도 기여하고 있다. 수술 시 활용되는 로봇 수술 시스템은 의사의 손 움직임을 정밀하게 제어해 수술의 정확도와 안전성을 높여준다(고범석, 2024).

의료 분야의 인공지능 활용은 의료 행위의 완전한 자동화를 추구하기보다 의료인의 의료 행위를 지원하는 방식으로 활용되고 있다. 이는 다른 인공지능 활용 분야와는 구별되는 특징이다. 예컨대 자율주행차의 경우 인간의 개입 없이 자동차 스스로 운전하는 완전자율주행을 지향한다. 실외 이동 로봇을 비롯한 지능형 로봇들도 인간의 개입 없이 일정한 작업을 독자적으로 수행할 수 있는 수준에 이르는 것을 최종 목표로 한다. 이에 비해 의료 인공지능의 경우 의료인의 개입 없이 인공지능이 스스로 의료 행위를 하는 것을 목표로 하기보다 의료진이 수행하는 의료 행위의 정확성, 안전성, 효율성을 높이는 데 기여하는 것을 목표로 한다. 이러한 차이는 의료 행위의 전문성과 위험성에 기인하는 것으로 생각된다.

의료 행위는 인간의 생명과 건강에 직접 영향을 미친다. 그렇기에 오랜 기간 학습과 수련으로 지식을 터득하고 기술을 연마하여 국가에 의해 그 능력이 검증된 자만이 의료 행위를 할 수 있으며, 의료인이 아닌 자가 의료 행위를 하면 형사처벌된다. 위험성 측면에서 볼 때 자동차를 운전하는 행위도 불특정 다수의 생명 · 신체 · 재산에 위험을 초래할 수 있어 의료 행위 못지않게 위험성이 크다. 그러나 운전 행위는 고도의 전문적 판단이나 능력을 요구하지는 않아서 인공지능이 독자적으로 잘 수행할 수 있다. 오히려 운전자 과실에 따른 사고 위험을 줄일 수 있어 인공지능 기술이 충분히 발전한다면 인공지능이 운전을 전담하는 것이 더 안전할 것으로 기대되고 있다. 전문성 측면에서 볼 때 의료 외에도 법률, 세무, 회계 등 고도의 전문성을 요구하는 분야들이 있다. 그러나 의료 행위의 경우 환자의 생명과 건강에 즉각적이고 직접적인 영향을 미칠 수 있고 이를 사후적으로 되돌리기가 매우 어렵거나 불가능하다는 점에서 다른 전문 분야와는 차이가 있다.

이러한 의료 행위의 전문성과 위험성으로 인해 의료

영역에서 인공지능 활용은 자연인인 의료진의 역할을 대체하는 형태보다 이를 보조하여 정확성, 안전성, 효율성을 높이는 방향으로 활용되고 있다.

의료 인공지능 사고와 보험

인공지능 활용 방식은 인공지능 사고에 대한 책임법제와 보험 제도에도 영향을 미친다. 자율주행차의 경우 운전 행위의 주체가 인간에서 자율주행시스템으로 전환되고 무인자율주행도 가능한 상태에서 사고가 발생할 수 있다. 그 결과 운전상 문제로 발생한 사고에 대한 책임을 누구에게 귀속시켜야 하는지, 보험은 누가 가입해야 하는지 하는 문제가 발생한다. 반면 의료 인공지능의 경우 의료인의 행위를 보조하는 것으로 그 역할이 한정되며, 진단, 처치, 처방, 수술 등 의료 행위의 주체는 여전히 의료진이다. 따라서 의료 인공지능을 활용하여 의료 행위를 수행하는 과정에서 의료 인공지능이 오작동하였더라도 그 의료 행위의 책임은 원칙적으로 의료인에게 귀속된다. 의료인은 인공지능의 인지와 판단을 전적으로 신뢰해서는 안 되고 스스로 판단해야 하며, 인공지능의 제어에 전적으로 의존해서는 안 되고 직접 통제해야 하기 때문이다. 따라서 의료 행위 과정에서 발생한 사고에 의료 인공지능의 오작동이 개입되었다 하더라도 환자에 대한 의료인의 책임은 없어지거나 줄어들지 않는다. 물론 의료인과 의료기기 회사 간의 책임 공방은 남게 되지만, 이는 계약법이나 제조물책임법으로 해결되어야 할 것이며, 환자에 대한 의료인의 책임에는 영향을 미치지 않는다.

AI를 활용한 진단과 치료 결과에 대한 최종적인 책임을 누가 부담하는지 불분명하다고 보는 견해도 있다. 예컨대, 영상 판독 AI가 악성 종양을 정상으로 판독해 환자의 진단이 늦어진 경우에 이를 사용한 의사, 의료 기관, AI 서비스 업체 중 어디에 책임이 있는지가 불분명하다는 것이다(고범석, 2024). 이에 대해 책임법제를 연구하는 민법학계에서는 의료 행위의 특수성을 고려할 때 의료 인공지능은 인간 배제형(Human-out-of-loop AI)이나 인간 감독형(Human-on-the-loop AI)으로 운영되어서는 안 되고 인간 개입형(Human-in-the-loop AI)으로 운영되어야 하며, 따라서 책임도 인간에게 있다고 본다. 인간 개입형 인공지능의 경우 인공지능이 의료 행위 과정에서 상당한 역할을 하더라도 어디까지나 의료진의 역할을 보조하는 지위에 있기 때문이다(김화, 2022; 백경희 · 장연화, 2017). 따라서 영상 판독 AI의 판독 오류로 진단이 늦어졌다고 해서 의료진이 책임을 면할 수는 없다. 다만, AI를 사용할 때 의료진이 어느 정도의 주의를 기울여야 면책될 수 있는지에 대한 기준은 마련될 필요가 있다. 법원은 의사의 주의의무와 관련하여 "의사가 진찰, 치료 등의 의료 행위를 함에 있어서는 사람의 생명, 신체, 건강을 관리하는 업무의 성질에 비추어 위험 방지를 위하여 환자의 구체적인 증상이나 상황에 따라 위험을 방지하기 위하여 요구되는 최선의 조치를 취하여야 할 의무가 있다"라고 판시하여 의사에게 최선의 주의의무가 인정된다고 보고 있다(대법원 1998. 7. 24. 선고 98다12270 판결). 또한 의사의 주의의무의 기준에 관해서는 "일응 임상의학 분야에서 일반적으로 실천되고 있는 의료 수준을 기준으로 하되, 그러한 의료 수준은 규범적으로 요구되는 수준으로 파악되어야 하고, 해당 의사나 의료 기관의 구체적 상황을 고려하여서는 안 되나, 진료 환경 및 조건이나 의료 행위의 특수성은 고려되어야 한다"라고 보았다(대법원 2018. 11. 29 선고 2016다266606, 266613 판결). 이러한 기준은 의료 인공지능을 활용한 의료 행위에도 동일하게 적용될 것으로 보인다. 구체적인 사안에서 어느 정도 주의를 기울여야 의료진이 주의의무를 다 했다고 볼 수 있을지는 임상의학 분야에서 의료 인공지능이 활용되고 있는 상황에 따라 달라질 것으로 생각된다.

의료진이 환자에 대해 부담하는 배상책임을 담보하는 보험인 의료배상책임보험도 큰 변화 없이 유지될 것으로 보인다. 의료배상책임보험은 의료 인공지능 사용 여부와 관계없이 의료인이 가입하게 된다. 의료기관, 의료 인공지능 제작사 등과 책임을 분담하는 방안도 검토해야 하나 이는 책임법제에서 직접 정하기보다 당사자 간 계약 관계로 정하는 것이 보다 유연하고 합리적일 것으로 생각된다.

의료 인공지능에 관한 그 밖의 보험 이슈

의료 인공지능과 관련해서는 또 다른 측면의 보험 이슈가 존재한다. 의료 인공지능을 활용한 의료 행위에 대한 건강보험 적용 여부다. 정부는 2023년 '디지털 치료기기·인공지능(AI) 건강보험 등재 가이드라인'을 마련하고, 혁신 의료기기 통합 심사·평가를 거쳐 고시된 인공지능 기반 혁신 의료 기술에 대해 임시 등재 기간 한시적으로 수가를 보상하고 사후 모니터링을 해서 재평가하여 건강보험 적용 대상으로 정식 등재하는 방안을 마련하였다(건강보험심사평가원, 2023). 또한 의료 인공지능 연구개발 로드맵(2024~2028)을 수립하여 '인공지능 기반 의료 기술 혁신으로 국민건강 증진'을 비전으로 필수 의료, 신약 개발 등 AI 연구개발을 확대 지원하고, 안전한 데이터 활용을 위해 의료 데이터 활용 체계를 고도화할 예정이라고 밝혔다(보건복지부, 2024). 이러한 정부의 비전이 실행될 경우 의료 인공지능도 그 효과성과 경제성이 인정되는 이상 건강보험의 적용 대상이 되는데 큰 문제는 없을 것으로 보인다. 만약 건강보험 적용 대상이 되지 않는 경우에는 실손의료보험에서 보상해야 하는지 등의 추가 문제가 남게 된다.

참고문헌

고범석(2024). 『AI와 의료 임상』. 커뮤니케이션북스.

건강보험심사평가원(2023). 디지털치료기기·인공지능(AI) 건강보험 등재 가이드라인 공개.
https://www.hira.or.kr/bbsDummy.do?pgmid=HIRAA020041000100&brdScnBltNo=4&brdBltNo=10957&pageIndex=1#none

김화(2022). 의료인공지능과 민사상 책임 ≪생명윤리정책연구≫. 17(1), 1~32.

백경희 · 장연화(2017). 인공지능을 이용한 의료행위와 민사책임에 관한 고찰 ≪법조≫, 724, 90~121.

보건복지부(2024). 인공지능 기반 의료기술 혁신으로 국민건강 증진
https://www.mohw.go.kr/board.es?mid=a10503000000&b

id=0027&list_no=1483021&act=view&

10

보험 산업과 인공지능

보험 산업은 인공지능 위험에 대한 보장 제공자인 동시에 인공지능 활용 주체다. 보험회사들은 모집, 인수, 보상, 보험사기 탐지 등 업무 전반에 걸쳐 인공지능을 활용하고 있다. 금융 당국은 인공지능 활용 시 소비자 보호를 우선 고려할 것을 요구하고 있다. 실질적인 소비자 보호를 위해서는 인공지능 활용 시 보험회사가 준수해야 할 사항을 구체화할 필요가 있다.

종교와 AI?

보험 산업의 두 가지 역할

인공지능 시대 보험 산업은 두 가지 지위를 가진다. 첫째, 인공지능 사고 위험에 대응할 수 있는 보험의 공급자로서 지위다. 이러한 지위는 위험을 평가하고 인수하고 관리하는 보험 산업 고유의 역할에 따라 부여되는 것이다. 새로운 위험이 등장할 때 그에 대응할 수 있는 새로운 보장을 제공하는 것은 보험의 역할이자 존재 이유다. 인공지능 시대에도 보험 산업은 인공지능 위험을 평가하고 인수하고 관리하는 역할을 담당해야 한다. 자율주행차 사고에 대응하는 자율주행차 보험, 실외 이동 로봇 사고에 대비하는 실외 이동 로봇 보험, 인공지능 의료사고에 대비하는 의료배상책임보험, 그 밖에 인공지능 위험에 대비할 수 있는 보험을 마련하여 적시에 제공해야 한다.

둘째, 인공지능 활용 주체로서 지위다. 인공지능은 범용 기술로 모든 산업 분야에서 활용될 수 있다. 보험 산업도 인공지능을 활용할 수 있고 또 활용해야 한다. 이제 인공지능을 활용하지 않고는 경쟁력 저하로 인한 도태를 면할 수 없기 때문이다. 이러한 인공지능 활용 주체로서 지위로 보험 산업은 산업 내 인공지능 활용에 대해 책임을 부담한다. 예컨대 보험회사의 AI 설계사가 고객에게 보험약관 내용에 대해 잘못된 정보를 제공하거나, AI 보험금 자동 심사 시스템의 오류로 부당하게 보험금 지급이 거절되거나, AI 보험계약 인수 심사 시스템이 취약 계층에 대해 차별적 심사 기준을 적용하여 보험 인수를 거절하는 등 인공지능 활용 과정에서 발생할 수 있는 다양한 문제를 사전에 예방하고 사후에 적정한 책임을 부담해야 한다.

보험 산업의 인공지능 활용 현황

실제로 보험 산업에서는 상품 개발, 마케팅, 보험 모집, 인수, 리스크관리, 보험료 산출, 보험계약 관리, 보험금 지급심사, 보험금 산출, 보험사기 탐지, 자산운용 등 보험회사 업무 전반에 걸쳐 인공지능을 활용하고 있다(지광운 외, 2023). 상품 개발 단계에서는 신상품 개발 및 맞춤형 보험상품 개발에 인공지능을 활용하고 있다. 기존 통계에는 나타나지 않았던 보험계약자의 속성을 빅데이터 분석으로 파악하여 새로운 상품을 개발하고, 개별 보험 가입자의 데이터를 분석함으로써 고객 맞춤형 상품을 제공한다. 자동차보험에 적용되는 사용량 기반 보험(Usage-Based Insurance, UBI), 주행 습관 기반 보험(Behavior-Based Insurance, BBI) 등이 이에 해당한다. 산업재해보험 가입자를 대상으로 안전조끼 착용 여부 등의 정보를 반영하여 보험료를 할인해 주기도 한다. 보험 모집과 고객 응대에도 AI가 활용된다. 보험설계사들이 고객의 니즈에 부합하는 보험상품을 추천할 수 있도록 고객의 자산과 보장 현황을 분석해주는 AI가 활용된다. 보험회사들은 AI 컨택센터, AI 콜센터 등을 통해 인공지능 기반 챗봇을 이용하여 고객들의 상담 문의에 응대하고 있다. 보험 인수 심사 자동화나 청약 자동화 등 계약 체결 과정의 효율성 제고에도 AI가 활용된다. 보험금 지급 단계에서는 보험금 지급 심사나 보험금 지급 금액을 산출하는 데 인공지능을 활용하고 있다. 손해보험사들이 사용하고 있는 AOS(Automobile repair cost On-line Service) 시스템은 사고 차량 사진을 입력하면 인공지능이 이미지를 인식한 후 부품 종류, 손상 정도 등을 판독하여 자동으로 예상 수리비를 산출해 준다. 보험사기 탐지에도 인공지능이 활용된다. 인공지능이 보험사기 패턴을 학습한 후 보험금 청구건 중 보험사기 의심 사례를 발굴하여 담당자에게 통보한다.

이상과 같은 보험 산업의 인공지능 활용은 고객 서비스를 고도화하고 보험회사의 업무 효율성을 높이는 데 기여한다. 보험사기 탐지 시스템의 경우 범죄를 예방하고 보험 재정 건전성을 제고하는 역할도 하고 있다.

인공지능 활용에 대한 규제와 책임

다른 모든 산업 분야와 마찬가지로 보험 산업 역시 인공지능 시대 어떻게 하면 좀 더 효과적으로 인공지능을 활용하면서도 동시에 인공지능에 따른 위험을 최소화할 수 있을지를 고민하고 있다. 우리나라 금융 당국은 2021년 선제적으로 금융 분야 AI 운영 가이드라인을 마련하여 AI 윤리 원칙, AI 전담 조직, 위험 관리 정책 수립이라는 3중의 내부 통제 장치를 마련하였다. 최근에는 생성형 AI 등 급격한 기술 발전과 그 밖의 제도 변화를 고려하여 금융 분야 AI 가이드라인 개정 계획을 밝히기도 하였다(금융위원회, 2024).

금융위원회는 가이드라인 개정에 앞서 거버넌스, AI 개발, AI 활용에 관한 '금융 AI 7대 원칙(안)'을 발표하였다. 내용은 다음과 같다. 첫째, 최고 경영자를 포함한 경영진은 AI 개발과 활용에 관심을 가지고 역할과 책임을 분담해야 한다. 둘째, AI 활용 전 단계에서 금융 및 AI 관련 법규를 준수해야 한다. 셋째, 현 단계에서 AI는 업무 보조 수단이므로 최종 의사결정과 그에 따른 책임은 임직원이 수행한다. 넷째, AI 개발 과정에서 신뢰할 수 있는 데이터와 모델을 사용해야 한다. 다섯째, AI 설계 및 학습 등 전 과정에서 금융 안정성 위험을 최소화하여야 한다. 여섯째, AI 활용 시 금융소비자의 이익을 최우선으로 해야 한다. 일곱째, AI 활용 시 보안성 기준 및 점검 · 개선 체계를 마련해야 한다.

이상과 같은 7대 원칙은 금융 분야에서 AI는 아직 인간을 대체할 수 없고 인간을 보조하는 역할에 머물러야 한다는 점을 전제로 하고 있다. 인공지능을 활용하더라도 그에 대한 책임은 담당자인 임직원이 지고, 기존에 인간이 수행할 것을 전제로 마련된 모든 법규를 동일하게 준수하도록 하고 있다는 점에서 그러하다. 금융 분야는 의료나 모빌리티 분야처럼 인간의 생명과 신체에 직접 위험을 초래하는 분야는 아니지만, 그 못지않게 전문적이고 중요한 분야이므로, 인공지능에 의한 위험을 최소화하기 위해 인간 개입형(Human-in-the-loop) 운영 방식을 택한 것으로 생각된다.

이러한 기본 원칙은 향후 개정 가이드라인에서 구체화될 것이다. 7가지 원칙 중 특히 "AI 활용 시 금융소비자의 이익을 최우선으로 해야 한다"라는 부분과 관련하여 향후 가이드라인의 내용이 어떻게 마련될지 지켜볼 필요가 있다. 금융소비자 이익을 최우선으로 한다는 것이 단순히 선언적 원칙 규정에 머물지 않으려면 가이드라인에 이러한 취지가 반영된 구체적인 조항들이 마련되어야 한다. 예컨대, 보험금 지급 심사 업무나 관련 상담 업무에 인공지능을 활용하면서 해당 인력을 감축하는 것이 금융소비자의 이익에 반하는지, 보험사기 탐지 시스템으로 보험사기 의심 사례를 적극적으로 적발하는 것이 고객의 보험금 청구에 대한 부당한 제약이 되는 것은 아닌지 등 소비자 보호 관점에서 다양한 문제가 제기될 수 있기 때문이다. 실제로 미국에서는 보험금 청구 심사에 인공지능을 도입한 결과 담당자의 서류 검토 시간이 건당 1.2초로 줄어들었는데, 이러한 심사에 입각한 보험금 지급 거절이 부당한 것이 아닌지, 고객에 대한 신인 의무에 위반되는 것이 아닌지 등이 소송으로 다투어지고 있다(황현아, 2024). 우리나라에서도 이러한 분쟁이 얼마든지 발생할 수 있으므로, 예상되는 문제들에 대해 가이드라인이 일정한 기준을 제시해 줄 필요가 있다.

보험은 다른 금융 산업 분야에 비해 분쟁이 빈번하게 발생한다. 보험은 장래 발생할 불확실한 사고에 대비하는 것으로, 보험 가입자가 내야 할 보험료는 고정되어 있지만 보험금을 받을 수 있는지는 확정된 것이 아니다. 일단 사고가 발생해야 하고, 발생한 사고가 보험약관에서 정한 보험사고에 해당해야 하며, 면책사유와 같은 보험금 지급 거절 사유가 존재하지 않아야 한다. 이러한 조건들이 충족되었는지를 확인하고 판단하는 과정에서 보험회사와 보험계약자 사이에 빈번하게 분쟁이 발생한다. 분쟁의 대상이 된 계약 관련 업무 처리 과정에서 인공지능이 활용된 경우 인공지능이 과연 제대로 작동하였는지, 인공지능에 오류나 편향이 존재하지는 않았는지, 자연인인 담당자가 업무에 소홀하지는 않았는지 등이 분쟁의 쟁점이 될 수 있다. 사전에 역할과 책임이 명확히 정해지지 않으면 인공지능 활용이 확대될수록 보험 분쟁이 더욱 복잡해질 가능성이 있다. 따라서 금융 분야 가이드라인에서 명확한 활용 기준을 마련할 필요가 있고, 보험업권에 적용되는 별도의 가이드라인을 마련하는 것도 고려해 볼 수 있다.

참고문헌

정두영(2023.4.24.). 특집-보험사기방지시스템 고도화 어디까지 왔나, 보험신보.

지광운 외(2023). 인공지능 발전에 따른 보험 법제 개선 방향 ≪지능정보사회 법제도 이슈 리포트≫, 2023-05, 한국지능정보사회진흥원.

황현아(2024). 인공지능 시대 보험의 역할과 과제 ≪보험법리뷰≫, 27, 보험연구원.

황현아

보험연구원 보험법연구실 실장이다. 46회 사법시험 합격 후 법무법인 화우 금융팀에서 근무했다(2007~2016). 인디애나주립대학교(블루밍턴)에서 LLM 과정을 마치고(2013), 뉴욕주 변호사 자격을 취득했으며(2014), 고려대학교 법학과(상법전공)에서 박사과정을 수료했다(2014). 2016년부터 보험연구원에서 보험 관련 법제도를 연구하고 있다. 자율주행차, 모빌리티, 인공지능 보험 제도 연구에 주력하고 있으며, 국토교통부 '자율주행차 융복합 미래포럼'과 지능정보사회진흥원 '인공지능 법제도 포럼'에 참여하고 있다. 주요 저서로 『자율주행차 사고 책임법제 및 보험제도: 레벨4 주요국 제도 비교를 중심으로』(2023), 『보험약관 해석 기준 연구: 작성자 불이익 원칙을 중심으로』(2022), 『주요국의 자동차보험제도: 배상책임법제 및 의무보험제도를 중심으로』(2020), 『의료배상책임의 현황과 과제: 보상체계 중심으로』(2020) 등이 있다.